KB133300

뛰어놀며
운동장의 기울기를
바꾸기

FDSC는 실존하는 인물처럼 느껴진다. 그는 무얼 하느라 분주하고, 종종 소식과 소회를 알린다. 경직되지도 흐리멍덩하지도 않은 인상이다. 어딘가에 속하고 싶지만 속박되기 싫은 나는 FDSC의 유연함이 어디서 온 것인지 궁금했다. FDSC 사람들은 다음과 같이 말한다. 커뮤니티를 위해 과도하게 일하지 말 것, 주저 말고 물어볼 것, 이곳을 충분히 누릴 것. 이동 경로대로 굵고 가는 선을 남긴 이 책은 FDSC를 닮았다. 섬세하면서도 뚜렷한 언어로 적힌 이 책을 읽어 내려가다 보면 전혀 다른 것에 관하여서도 팁을 얻을 수 있다. 이를테면 삶의 태도 같은 것.

서한나, 페미니스트문화기획자그룹 보슈(BOSHU) 공동대표

자신만의 길을 만들어가는 페미니스트의 능동성이 눈부신 책. 누가 우리를 기록해주지 않는다면 직접 하겠다는 의지가, 우리를 설명할 언어가 없다면 그 언어를 만들어내겠다는 열정이 그리고 우리 앞의 딜레마까지 드러내는 솔직함이 연구자의 세심한 분석을 만나 생생한 보고서이자 선언문으로 태어났다. 업계 정보의 집적과 공유에 집중하는 이들의 모습은 나로 하여금 언니네 사이트 '지식놀이터'를 떠올리게 하며 익숙한 반짝임을 발견하게도, 누군가의 희생에 의존하지 않는 시스템을 만들려는 모습에서는 새로운 반짝임을 발견하게도 해주었다. '인생은 어차피 혼자' '각자도생' 같은 말에 지치고 고군분투하고 있다면, 이 책을 권한다. 커뮤니티에 대한 영감과 구체적인 아이디어는 물론 페미니스트 친구들을 믿어보아도 좋지 않겠냐는 따스한 위로까지 덤으로 얻게 될 테니 말이다.

강유가람, 〈우리는 매일매일〉 〈이태원〉 〈시국페미〉 감독

발현적(emergent) 성격을 가진 조직이 매력적이지 않을 수 있을까? FDSC의 멤버가 되고 싶어 디자이너가 되고 싶다 생각한 사람이 나뿐만은 아닐 거다. 이 책의 특히 좋은 점은 얼핏 좋게만 볼 수 있는 활력과 에너지 뒤의 딜레마까지 짚어낸다는 것이다. 페미니스트라는 기표 뒤의 긴장, 세계와 지역성에 대한 고민, 위치성에 대한 성찰, 만들고 싶은 문화를 내부에서부터 구현하려는 노력. 이 같은 딜레마들이 단지 상황을 어렵게 만드는 '문제'에 그치기보다 구성원들의 상상력을 자극하고 활동의 깊이를 더하는 중요한 화두가 된다. 미래에 무엇까지 해낼지는 모르는 채로, 그러나 지금 무엇을 해내고 있는지는 분명히 이해하는 채로 활동하는 이들을 응원하고, 이렇게 기록하고 나눠주어 고맙다. 앞으로도 이들의 활동 이야기를 더 자세히, 더 많이 듣고 싶다. 모든 업계에 페미니스트 모임이 생기길 바라며!

김주온, BIYN 활동가

뛰어놀며 운동장의 기울기를 바꾸기
문화 예술, 테크업계 페미니스트 커뮤니티에 대하여

초판 1쇄 2022년 6월 1일

기획 FDSC
글 백희원
디자인 무난한
교정교열 이두루
마케팅 김예리, 최미호
사용된 서체 함렡, 지백, AG최정호스크린, AG남상준
인쇄 및 제책 완산정판

발행인 신인아
발행처 페미니스트 디자이너 소셜클럽
출판등록 제 2022-000093호
이메일 info@fdsc.kr
웹사이트 fdsc.kr
ISBN 979-11-978897-7-6(03300)
가격 17,000원

* 잘못 만들어진 책은 구입처에서 교환해드립니다.
* whatreallymatters(마포디자인출판지원센터)의
연구 지원을 받아 진행되었습니다.
* 책의 디자인 및 제작은 텀블벅 후원자 여러분 덕분에 가능했습니다.
감사합니다.

뛰어놀며
운동장의 기울기를
바꾸기

문화 예술, 테크업계
페미니스트
커뮤니티에 대하여

백희원

목차

들어가며   9

1. 배경: 우리는 여기에서 모인다   17
    우리: 도시에서 일하는 여성 작업자   19
    여기: 모이고 연결되는 페미니스트들   22
    연구자의 이야기   24
    연구 과정과 한계   28

2. 문화: 윤리, 공유 그리고 웃음   33
    우연히 설립한 단체   35
    윤리, 원칙, 매뉴얼   41
    끊임없이 생산하는 디자이너들   47
    웃기는 페미니스트들   54

3. 조직: 누구나 언제든 큰일을 할 수 있도록   65
    정보시스템: 흘러가며 누적되는 정보   67
    루틴과 운영진: 성장의 리듬과 활력을   73
           유지하는 힘
    현재로 수렴해서 앞으로 나아가는 법   82

4. 변화: 우리 안에서 나다움을 알아가기   89
    기울기를 바꾸기   91
    새로운 이야기   99
    내가 서 있는 곳으로부터   106
    대표해서 말하기의 어려움   112

5. 결론: 뛰어놀며 운동장의 기울기를   121
           바꾸는 법

나가며   131
참고자료   135

들어가며

이제 우리에겐 페미니스트 친구 175명이 생겼군요.

김소미, 2021.8.28, FDSC 신규회원
온보딩 이벤트에서

코로나19가 일상이 되어버린 어느 여름날, 노트북으로 익숙한 줌 화면을 보고 있었는데 이 문장을 듣는 순간 강당에서 대중 연설을 듣고 있는 것 같은 기분이 들었다. 대단한 선언처럼 들렸기 때문이다. '175명' '페미니스트' '친구'. 이 세 단어가 연달아 이어지는 게 놀라웠다. 왜? 일단 사회생활 하며 페미니스트를 만나기가 쉽지 않다. 그런데 오늘 하루만에 175명이라니. 물론 온라인이나 운동 현장에서는 이미 모여 있는 페미니스트들을 찾을 수 있다. 하지만 거기서는 연대는 할 수 있을지언정 '친구'가 되기는 쉽지 않다. 같은 생각을 기대하고 만나면 차이점에 더 민감해지기 마련이니까. 게다가 여성의 삶이란 얼마나 복잡다단한가. 우리는 쉽게 비슷비슷한 사람이 될 수 없다. 아마 여기서 비롯된 관계의 긴장감을 기껍게 받아들이는 것이야말로 페미니스트적인 태도일 것이다. 그런데 '페미니스트 친구'가 175명이나 생겼다니. 물론 그건 사람들의 기운을 북돋우는 일종의 구호 같은 말이기는 했지만, 그래도 대단한 가능성이자 사건처럼 느껴졌다.

이 글은 2015년 이후 업계에서 만들어진 업계 페미니스트 커뮤니티를 이해하기 위해 쓰였다. 앞의 장면은 그중 핵심 사례인 페미니스트 디자이너 소셜 클럽(이하 'FDSC')에서 연 행사의 한 장면이다. 나는 이 연구를 시작한 이후부터 이 커뮤니티를 한마디로 뭐라고 표현할 수 있을까, 어떤 과정을 거쳐야 타당한 결론에 이를 수 있을까 계속 고민하고 있었다. 이 '안'에서 발견하는 새로움을 전하고 싶은데, '콜렉티브'라거나 '느슨한 공동체'같이 새롭게 부상한 단어들은 영 부합하지 않았다. '조합'이나 '결사체' 같은 단어도 핵심에 못 미쳤다. 그러던 중 "페미니스트 친구"라는 표현은 상쾌한 놀라움과 함께 마음에 안정을 주었다. 사람들이 만나고 모이는 방식은 끊임없이 진화한다. 그래서 새로운 세대가 주축이 되어 만들어진 조직은 전혀 새로운 것으로 보일 수 있지만, 결국 사람들이 만나고 모이는 이유는 유사 이래 다르지 않다. 우리는 세상에 홀로 남겨져 외로워지고 싶지 않기 때문에 모인다. 이 여성들은 서로의 처지를 이해할 만한 사람들과 유익한 것을 나누고, 때로는 무익한 시간을 함께 보내는 친구가 되기 위해 모였다. 다만 그러려면 같은 성별이나 페미니즘을 경유해야 했고, 그런 '필터링'이 필요한 세상은 이들에게도 탐탁잖은 것이기에 사회에 변화의 목소리를 함께 내어온 것이다.

연구 과정에서 만난 네 곳의 커뮤니티, 2016년 생긴 IT 업계 페미니스트 모임 테크페미, 2018년 만들어진 FDSC, 2020년 만들어진 여성 영상인 네트워크 프프프와 여성 시각예술인 커뮤니티 루이즈 더 우먼 모두 2015년 '페미니즘 리부트' 이후라는 시대적 배경을 커뮤니티 활동의 배경으로 인식하고 있었다. 지금 우리가 이 여성 작업자들의 커뮤니티를 이해해야 하는 이유는 커뮤니티가 시장에서 뜨거운 마케팅 방법론이 되었다거나, 여기 실린 커뮤니티 사례들이 확산되어야 할 선진적인 사례이기 때문은 아니다. 그보다 이 커뮤니티들이 우리가 지금도 살아가고 있는 '미투 운동' 이후의 세계, 어떤 성취도 일터에서 여성을 보호하지 못하고 성별 임금 격차와 여성 경력 단절이 당연한 세계가 눈앞에 적나라하게 드러났을 때, 여성들이 세계의 한구석

어딘가를 그럼에도 불구하고 나아가고 버틸 만한 곳으로 만들고 있는 이야기 그 자체이기 때문이다.

이 이야기 안에는 세상에 대해 기대감보다 불안감을 갖도록 학습되어온 이들이 서로의 불안을 겹쳐봄으로써 창조한 새로운 웃음이나, 독립된 주체로 삶을 살아가는 데 도전 중인 여성 노동자가 직면하는 모순적인 필요들, 주 양육자로서의 경험과 전문 직업인으로서의 역량을 화해시키는 순간이 담겨 있다. 이는 지금 누군가에게 필요한 상상력이자 오늘 우리가 함께 공유해야 할 의미 있는 장면들이다.

1장은 '페미니스트 커뮤니티'가 등장한 사회적 배경을 스케치하고, 이 연구가 진행된 과정 및 집필 전략, 연구자가 가진 맥락을 설명한다.

2장과 3장은 업계 페미니스트 커뮤니티 연구의 핵심 사례인 FDSC에 주로 할애했다. 2장에서는 FDSC의 문화를 이야기한다. 조직 문화란 사람으로 치자면 성격 같은 것이다. 사람들에게 타고난 성격과 후천적으로 발전된 성격이 있듯 FDSC도 처음 만들어질 때부터 갖고 있던 특징이 있고, 그 특징에 이끌려 다양한 사람이 모이면서 발전된 정서와 언어, 분위기가 있다. 문화를 알면 커뮤니티가 해온 결정과 선택, 활동들을 이해하는 데 도움이 된다. 이 내용이 본론 중 가장 앞에 배치된 이유다. 3장은 조직으로서의 FDSC를 분석하는 장이다. 대표도 없고 비전도 모호한 이 독특한 커뮤니티가 어떻게 유지되고 작동하며 어디로부터 지속 가능한 동력을 얻는지를 자원과 의사 결정 및 소통 구조를 중심으로 분석했다. 2장은 3장의 현실을 담고 있고, 3장은 2장의 틀을 기술한다는 점에서 두 장은 상호 보완적이다.

4장은 변화라는 키워드로 업계 페미니스트 커뮤니티에서 일어난 일들을 정리했다. 기울어진 업계의 젠더 불평등을 해소하기 위한 커뮤니티 활동과 그 활동 속에서 탄생한 뜻밖의 장면들, 구성원들 간의 서로 다른 위치성을 인정함으로써 만들어지는 변화의 계기, 정치적 공론장에서 겪는 어려움 등 사회 변화와 관련해 업계 페미니스트 모임이 경험하는 구체적인 성취와 도전, 가능성을 기술했다.

5장은 결론과 시사점에 해당한다. 연구 질문에 초점을 맞춰 본문의 내용들을 재기술하였다.

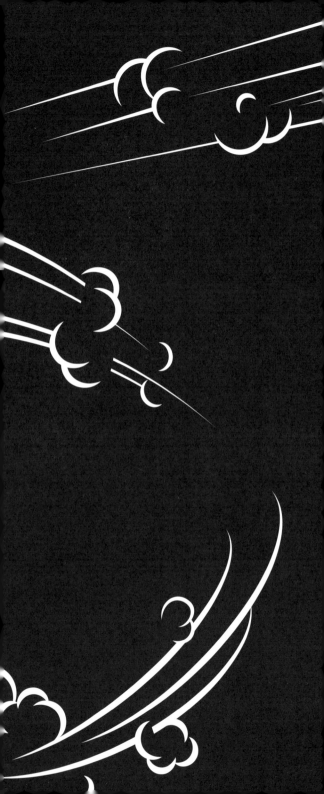

우리는
여기에서
모인다

1
배경

우리:
도시에서 일하는 여성 작업자

한국에서 디자이너가 등장하는 최초의 드라마는 1993년 방송되었던 일일드라마 〈당신이 그리워질 때〉로, 여기서 주인공 유신희(박지영)는 인테리어 디자이너이자 자기주장이 분명한 신세대 여성으로 그려진다. "한국 TV 드라마에 나타난 '디자인'과 '디자이너'의 이미지 연구", 안영주, 『우리춤과 과학기술』 제46집, 2019

한국 트렌디 드라마의 여성 인물들은 대체로 문화 및 예술계 종사자다. 방송 작가, 기자, 큐레이터, 편집자, PD, 번역가, 미술 작가, 패션지 에디터 등등. 그중에서도 디자이너는 90년대 중반부터 셀 수도 없이 많은 드라마에 등장했다. 왜일까? 남자 주인공과 대적할 만큼 독립적이고, 시청자가 이해할 수 있을 만큼 가시적으로 드러난 일을 하며, 도시의 화려함도 보여줄 수 있을 것 같은 직업들이기 때문일까? 대체로 생활 여건이 녹록지 않은 여주인공이 등장하기 마련인 트렌디 드라마는 가난의 감정은 드러내지만 구체적인 돈을 말하지는 않는다. 성공의 이야기는 있지만 생존은 미스테리로 남는다. 인용한 논문에서 안영주는 '여성 디자이너'가 드라마에서 "화려한 외형과 도도하고 자기중심적인 성격"의 여성 캐릭터로 재현되는 이유를 디자인이라는 직무의 화려한 시각적 특성 그리고 외모 지상주의적 여성에 대한 부정적인 성 관념이 결합되어 결국 실제와 먼 '여성 디자이너'를 관습적으로 재현하는 것으로 본다.

그렇다면 실제 여성 디자이너는 어떤 사람들일까? 도시, 세련됨과 연결되는 화려한 커리어 우먼 이미지의 뒷면에는 '할머니 디자이너'는 불가능한 존재라는 불안한 현실이 있다. 성차별적 관념이 자리 잡은 현실에서 할머니는 세련되지도, 도시적이지도 않은 존재로 대상화되니 당연한 일이다. 하지만 현실의 디자이너는 언제까지고 창의적인 디자인에 대한 열정에 사로잡힌 젊은 여성이 아니라 출퇴근하고, 종합소득세 신고도 하고, 나이도 먹어가는 평범한 시민들이다. 서로를 강화하는 '화려한 디자이너의 환상'과 '할머니 디자이너는 없다는 편견'에 맞서려면 어떻게 해야 할까? 한 가지 방법은 진짜 현실을 찾아 나서는 것이다. "생활 밀착형 디자인 팟캐스트 '디자인FM'"의 진행을 맡은 현실 디자이너 김소미와 한경희는 리얼리티 프로그램이 재현하는 여성 디자이너의 이미지를 보고 이런 대화를 나눈다.

> "일반인들 직업 소개하는 방송 프로그램에 아트디렉터 분의 하루가 나왔는데, 점심에 파스타를 먹고 전시를 둘러보고 그러더라고요."
> "아 알 것 같다. 킬힐 신고, 정장 입고, 큰 귀고리 하고, 긴 종이 말아 가지고 대각선으로 메고 서류를 절대 파일에 넣지 않아. 낱장으로 가지고. 칼퇴하고, 빨간 스포츠카 타야 돼. 레스토랑 가서 꼭 뭘 먹어야 하고."
> "저도 어렸을 때는 회사 다니면 그런 게 되는 줄 알았거든요? 우리 회사 사람들도 디자이너는 다 해외 유학하고 왔다고 생각하고. 어디서 이런 이미지가 생겨난 걸까?" '디자인FM' 시즌3, EP.02 "입 디자인이 뭐길래? 디자이너와 마케터가 말하는 티키타카의 정수"

이처럼 현실의 두 사람이 만나면 이미지는 현실과 다르다는 진술을 할 수 있고 "어디서 이런 이미지가 생겨난 걸까?"라는 질문을 나눌 수 있다. 질문을 나누면 함께 답을 모색할 수 있다. 커리어에 대한 막연한 불안을

끌어안고 일하는 여성 작업자들에게는 이런 만남과 모임 자체가 필요했다. 화려한 환상과 막막한 현실 속에서 이들이 경험하는 문제 자체가 모호하다는 문제를 해결해야 하기 때문이다. 예컨대 그래픽 디자이너는 노동 시장에서 숙련도를 인정받지만, 직무 범위가 모호하고 커리어 패스도 분명하지 않다. 게다가 대부분의 일이 프로젝트 단위로 만들어지며, 이 프로젝트는 클라이언트와 용역사 간의 명확한 갑을 관계를 전제로 진행된다. 커리어를 예측하기 어렵고 불안정한 환경인 데다가 동일한 업무를 반복하는 것이 아니라 프로젝트에 따라 매번 새롭게 세팅되는 일을 해야 하기 때문에 노동 환경에서의 문제가 공통의 문제로 드러나기 어렵다. 위에 언급한 '환상'과 '창의성'이 강조되는 특징 탓인지 인력 공급이 많은 관계로 저임금 불안정 노동에 노출되기도 쉽다.

갑을 관계 속에 고립되기 쉬운 일 환경과 낭만화된 직업 이미지는 이런 문제를 드러내는 것을 방해하는 이중의 장애 요소로 작용해왔다. 여성의 작업과 업적은 상대적으로 비가시화되는 사회 구조도 한몫했다. 여성 작업자들은 우리가 '우리'일 수 있는지도 명확히 알 수 없었다. 서로를 인식하기가 어려웠기 때문이다. 업계에 여성이 부족한 경우에는 부족해서 보이지 않았고, 업계에 여성이 많으면 많은 대로 스스로를 당연하게 여기며 이름을 지우고 조직의 이름, 프로젝트의 이름 뒤에 남아 있었다. 하지만 직업에 관계없이 '여성'으로 사회를 살아갈 때 겪게 되는 공통의 불리한 경험들이 전 사회적으로 터져 나오면서, 여성 페미니스트들은 자기 삶의 현장에서부터 다른 페미니스트들과 관계를 맺어나가기 시작했다.

여기:
모이고 연결되는 페미니스트들

여성들은 지난 몇 년간 공통의 준거로 삼을 만한 역사적인 순간들을 함께 살아냈다. 소라넷 불법촬영 및 강간 모의(2015), 강남역 여성혐오 살인 사건(2016), #○○계_내_성폭력(2016), 미투 운동(2018), 낙태죄 폐지(2019), N번방 성착취(2020). 이 순간들마다 페미니스트들의 실천과 변화가 꾸준히 함께했다. 온라인에서 자발적으로 불법촬영물과 디지털 성폭력을 자발적으로 모니터링하고 신고하는 활동, 소라넷 폐지운동, 강남역 여성혐오 살인 사건에 대한 포스트잇 추모와 미투 운동의 생존자들과 연대하는 공동대응 단위의 구성, 성 상품화를 거부하며 꾸밈 노동을 거부하는 탈코르셋 운동, 서점가를 뒤덮은 페미니즘 서적들과 '여성 서사' 콘텐츠의 약진. 각기 다른 맥락, 다양한 전략의 수많은 실천을 통해 우리는 정치적 성취와 실패를 축적해왔다.

서울에 사는 삼십 대 비혼 여성인 나는 같은 시대를 살아가는 한 사람의 페미니스트로 이에 동참하고 또 큰 영향을 받고 있지만 솔직히 내가 경험하고 보아온 장면들이 내 처지의 시각이라는 한계를 넘지 못하리라고 생각한다. 하지만 확실히 실감하는 것은 우리를 좌절시키고 투쟁하게 한 역사적인 순간들이 우리를 모이게도 만들었다는 것이다. 여성들은 막연하게든 뚜렷하게든 계속 모이고 있다. 모여서 서로의 삶에 페미니스트의 시공간을 선사한다. 그 현장들에는 어떤 이야기가 있을까?

일단 이 연구는 2015년 이후 등장한 문화 예술 업계, 테크업계에서의 신진 페미니스트 커뮤니티에서 일어난 일들을 들여다본다. 각 페미니스트 커뮤니티를 시작한 여성들은 커뮤니티를 만든 계기에 대해 설명하면서 업계에서 경험한 문제만을 이야기하진 않았다. 강남역 여성혐오 살인 사건에서 느낀 충격과 좌절감, '메갈리아' 이후 '트위터 페미니스트'로 활동하며 경험한 제약과 편견, 타 페미니스트 커뮤니티를 보고 얻은 용기 등, 각자의 다양한 '페미니스트 모멘트'와 감정들이 이들로 하여금 업계에서 페미니스트들이 모일 수 있는 깃발을 들게 했다.

일하는 여성들이 서로를 알아보기 어려웠듯, 모이고 있는 페미니스트들도 서로를, 스스로를 명확히 이해하기 어렵다. 모호하고 역동적인 커뮤니티들이기에 더욱 그렇다. 이 연구의 핵심 사례인 페미니스트 디자이너 소셜 클럽(이하 'FDSC')의 법인화 과정에 대한 에피소드는 이런 어려움을 잘 보여준다.

> 페스테 행사의 성공으로 예기치 못하게 1,000만 원의 이윤을 벌어들인 FDSC는 수익사업 개시 신고를 하고 적법한 납세 절차를 밟고자 비영리임의단체에서 "법인으로 보는 비영리임의단체"로 전환한다. 이 과정은 지난했다. 담당 공무원들도 세무사들도 FDSC라는 조직을 명확히 이해하지 못했기 때문이다. 임의단체의 고유번호증으로는 계산서 발행 등에 한계가 있었는데, 그렇다고 비영리단체로 등록할 만큼 명확한 공익적 활동에 대한 합의가 FDSC 안에 있는 건 아니었고, 예상보다 규모 있는 수익이 발생했지만 영리를 목적으로 하는 기업은 더더욱 아니다 보니 조합도 회사도 맞지 않았다. 누군가 임의로 개인사업자를 내는 것은 더 말이 안 되던 중에, 몇 개월에 걸쳐 '법인은 아니지

만 법인으로 보는 단체'라는 희한한 법인격(이 아닌
법인격)이 있다는 것을 알게 되었고 그렇게 "법인
으로 보는 비영리임의단체"로 거듭나게 되었다.
이 에피소드는 업계 페미니스트 커뮤니티가 제도
의 사각지대에 놓일 리스크를 갖고 있음을 보여준
다. 그리고 FDSC가 만들어내고 있는 공공성이
기존 법 제도의 공익과 사익 구분에 정확히 맞아
들어가지 않는다는 사실을 알려주기도 한다.

본문 3.3 루틴과 운영진 중

이 연구는 신생 업계 페미니스트 커뮤니티들을 완전히 새롭고 단일한 현상으로 주장하기 위한 연구는 아니다. 2015년 이전에도 페미니스트들은 생활과 연계된 모임을 만들고 이어왔다. 지금 우리에게 주어진 많은 좋은 것은 거기서 싹틔워온 것이다. 하지만 대규모 여성혐오 범죄와 성폭력 사건들의 가시화 이후 '페미니즘'이라는 키워드를 중심으로 20, 30대 여성이 주축이 되어 만들어진 2015년 이후의 커뮤니티들은 해당 시기의 온라인 커뮤니케이션 환경 및 코로나19로 인해 대면 커뮤니케이션이 어려워진 상황을 반영하고, 해당 세대의 커뮤니티 문화와 단시간에 확산된 페미니즘에 대한 여러 기대를 담고 있다. 그리고 어떤 방향으로 더 명확해져야 할지 계속 고민 중에 있다. 그건 어떤 장면들일까? 이를 좀 더 이해하는 일이 우리에게도, 앞으로 더 많은 커뮤니티를 만나게 될 공무원에게도 도움이 될 수 있을 듯하다.

연구자의
이야기

연구자는 8년 차 연구 활동가로서 기본소득 활동을 하

면서 온라인 기반의 의제 중심 시민단체를 동료들과 공동으로 운영했던 경험이 있다. 이 과정의 연장선으로 2010년대 중반 이후부터 청년 세대를 중심으로 등장한 프로젝트 기반의 느슨한 사회운동의 방법론, 수평적인 조직 문화에 대해 꾸준한 관심을 가지고 당사자로서, 때로는 지원 조직의 종사자로서 담론과 활동에 참여해왔다.

> *'요즘 청년'들은 위계가 명확한 공동체 문화나 다양성이 인정받지 못하는 걸 싫어하는 거지, 연대가 필요 없다고 하는 건 아니거든. 1987년도의 관점에서 우리의 활동을 계속 평가받는 듯한 느낌이 들기도 해. 하지만 개인이 공동체를 위해 희생하는 게 아니라 가장 취약한 개인이 연결되고 보호받을 수 있는 방식도 연대고 정치라는 걸 새롭게 보여주는 언어를 갖는 것, 그게 우리 세대의 민주주의 과제 같아.* "판을 바꾸는 언니들 11 - 백희원, 지금 한국은 과도기…개인주의가 공동체를 구원할 것", 박다해 기자, 『한겨레』, 2019.10.13

인용은 연구자가 80, 90년대생 여성들을 대상으로 진행한 연속 기획에 인터뷰로 참여하여, 그동안 활동하며 느낀 고민을 나누던 중 했던 말이다. 개인주의가 공동체를 구원한다는 말은 모순적으로 들리지만, 그 모순을 풀어내는 것이 동시대의 과제라고 생각했다. 차별적이고 경쟁적인 사회를 바꾸기 위한 연대와 결속이 필요하다고 생각하면서도 '희생'할 수 있을 만큼 '끈끈한 공동체'는 답이 아니라고 느꼈기 때문이다. 이에 같은 감각을 지닌 또래들과 느슨한 조직에 대한 시도를 꾸준히 해왔다. 그러나 2020년 코로나로 인해 커뮤니티와 연결이 더 중요한 화두가 되고, 현실의 모임을 통한 연결감을 느끼기는 더 어려워지면서 느슨한 커뮤니티 활동의 한계를 목도했다. 뚜렷한 동질적 정체성이나 이해관계 없이 의제나 프로젝트를 중심으로 한 자발적인 커뮤니티 활동들은 실행력은 있지만 지속력 측면에서 확실히 약점을 갖고 있었다.

"개인주의가 공동체를 구원할 것"이라는 선언적인 말에 책임을 지려면 공동체에 구원받는 개인이라는 실체들을 만나야 할 때라고 생각할 무렵, FDSC로부터 여성 커뮤니티 연구 제안을 받았고 기꺼이 실행하게 되었다. 연구에 착수하기 전 연구자의 맥락에서 FDSC라는 사례는 "도시에서 일하는 여성 전문직 노동자들이 온라인 툴을 기반으로 자율적인 개인들의 상호 돌봄으로 조직해나가는 사회운동"[1]으로 읽혔다. 하지만 조사를 할수록 사실에 가까운 정의는 "디자인이라는 업을 중심으로 다양한 여성 시민들이 모인 커뮤니티"였다. 이 커뮤니티의 지향성, 목적을 정의에 포함시키기에는 당사자를 포함한 우리 모두가 그런 커뮤니티에 대해서 아직 잘 모른다고 판단했다. 중소기업, 비영리 단체, 노동조합, 계모임, 플랫폼 비즈니스 모델, 마을 공동체, 중장년 위주의 산악회, 취업 스터디 소모임 등 세상의 다양한 조직에 비해 "업계 페미니스트 커뮤니티"에 대한 이미지와 지식이 아직 한없이 모호하다는 뜻이다. 이에 이 연구는 "업계 페미니스트 커뮤니티는 무엇이며, 어떻게 지속되는가?"라는 질문에 초점을 맞춘 사례연구로 기획되었다.

한 가지 추가되어야 할 맥락은 연구자가 조직을 이해하는 관점이다. 연구자는 사회적 경제 조직에 특화된

---

1   연구 사전 기획 회의록, 2021.7.14

경영학 대학원에서 공부했고 심화전공으로 조직학을 선택하면서 조직을 "공동의 목적에 따라 분화된 활동들의 상호의존적 시스템"으로 이해하는 관점을 얻었다. 이 기능적인 관점은 작고 임시적인 사이드 프로젝트 팀부터 글로벌 기후 정치 공론장까지 다양하게 적용될 수 있기에, 연구자가 세상을 이해하고 또 개입하는 데 지속적으로 영향을 끼쳐왔다. 이는 조직 설계나 비즈니스 모델 프레임워크 개발에 적용되어온 관점이지만, 경제적 가치 등에 따라 '쓸데없는 활동'과 '쓸데있는 활동' 간의 위계를 나누지 않는다면 조직에서 실제로 일어나는 '활동' 단위들로 조직의 역동성과 구조를 이해할 수 있기에 조직 현실을 적절히 포착하여 설명하는 데 적합하다. 다만 기능적인 설명에 치중하여 조직 내의 정치적 갈등을 누락할 수 있다.

연구자는 스스로를 페미니스트라고 생각한다는 점에서 그리고 기획과 연구, 집필 노동을 중심으로 작업자의 정체성을 가지고 생계를 이어나가고 있다는 점에서 연구 대상인 업계 페미니스트 커뮤니티 구성원들과 공통점을 가진다. 연구 과정에서 이러한 유사성과 주관성을 배제하고 거리두기 하기보다는 맥락을 이해하고, 사례의 특수성을 발견하는 데 적극 활용하는 전략을 취했다. 이는 특히 집필에 적용되었다. 조사 과정에서는 커뮤니티 내 다양한 공간과 성격의 일부만을 연구자의 편향된 관심사로 살피지 않고자 했지만 분석과 집필 과정에서는 의미 있는 자료들을 글에 담아내는 데 직관을 활용했다. 또한 연구자의 느낌이나 생각을 기술해야 할 때 일인칭 관점을 사용했고, 큰 주제를 세부 주제로 가지 쳐 채워나가는 나뭇가지 구조의 글 대신, 의미 있는 에피소드와 장면들, 중요한 조직적 사건들이나 특정 활동에 대한 요약들을 조각보처럼 이어

붙여나가며 연구 자체가 현실에 대한 제유적 기능을 하기를 기대하며 글을 구성했다.

고립되지 않은 페미니스트 커뮤니티의 필요성을 실감하는 페미니스트로서 그리고 정책적 언어를 납득하지 못하는 바람에 정치적으로 대의되지 못한 시민으로서 품어온 욕망이 연구에서 만난 어떤 순간들에 감응할 수 있었고, 동시에 그 감응이 단순히 동질성에 기반한 자기애적 공감은 아닌지 되묻게 되었다. 특히 후자는 현장에서 연구 참여자들의 진솔함이 만들어낸 낯선 순간들을 마주칠 때 발휘될 수 있었다. 그 덕분에 직관을 믿는 용기를 낼 수 있었다.

연구 과정과 한계

이 연구는 2021년 FDSC의 기획에서 시작되어 7월부터 2022년 3월까지 진행되었다. FDSC는 자신들과 같은 페미니스트 커뮤니티에 대한 연구가 필요하다고 이야기했다. 모여 있으니 외부의 주목을 받긴 하지만 제대로 된 이해 없이 계속 오해를 받는 데서 오는 피로감이 컸다. 또 한편으로는 회원들도 함께 읽고 커뮤니티에 대한 상을 맞출 수 있는 텍스트가 필요했다.

연구 착수 전 기획을 위한 첫 번째 회의에 나는 아래와 같은 규범적 정의를 적어 갔다.

- 도시에서 일하는 여성 전문직 노동자들이 온라인 툴을 기반으로 자율적인 개인들의 상호 돌봄으로 조직해나가는 사회운동
- 디자인이라는 업을 중심으로 다양한 여성 시민이

모인 커뮤니티
- 기후위기, 저성장 시대를 직면한 현업 종사자들이 디자인 담론을 만들어감

이 자리에서 FDSC는 "맘카페와 비슷한 것"이라는 진술을 들었다. 나는 맘카페가 어떤 커뮤니티인지 잘 몰랐다. 그 주 주말에 FDSC의 큰 정기 행사 중 하나인 FDSC 오픈데이(설명회)와 FDSC 총회가 있었고, 아직 연구가 시작된 건 아니었지만 놓치면 다음 행사까지 6개월을 기다려야 했기 때문에 참관했는데, 행사의 톤과 구성, 장면들이 독특했다. 그래서 어떤 의미 부여를 하기보다도 이런 고유한 장면들을 잘 담아내는 연구 결과물을 구성해내야겠다고 생각했다. 이에 이런저런 다른 키워드들을 거두어내고 "여성 작업자 커뮤니티는 무엇인가?" "어떻게 지속되는가?" "어떤 변화를 만들어내는가?"라는 질문만 남겼다.

연구에 참여하면서 온라인상에 있는 FDSC 내부 자료에 대한 거의 모든 접근 권한을 얻었다. 슬랙과 노션, 구글 드라이브에 있는 대화들과 회의록, 기획 문서 등 1차 문서 자료들이 이 연구의 주요 조사 대상이 되었으며 외부 발행된 콘텐츠들도 조사 범위에 담았다. FDSC 초기부터 활동한 멤버 5인의 인터뷰와 지역지부 및 커뮤니티 문화팀에서 활동하는 2인의 인터뷰를 진행했으며, 월 1회의 빈도로 연구 참여자인 김소미, 신인아, 위예진과의 회의를 통해 정기적으로 연구 진행 상황을 공유하고 중요하게 생각되는 의미에 대한 대화를 나눴다.

연구 막바지에는 FDSC 사례의 고유함과 보편성을 더 잘 이해하기 위하여 타 업계 페미니스트 커뮤니티인

IT 업계 페미니스트 모임 테크페미(2016), 여성 영상인 네트워크 프프프(2020)와 여성 시각예술인 커뮤니티 루이즈 더 우먼(2020)의 운영진 인터뷰를 진행했다. 이 인터뷰들은 2015년 페미니즘 리부트 이후라는 시대적 참조점을 제공했고, 업계 환경의 차이에 따라 페미니스트 커뮤니티의 전략과 성격이 어떻게 달라지는지 그리고 페미니스트 커뮤니티가 경험하는 공통의 정치적 어려움은 무엇인지를 이해하는 데 큰 도움이 되었다. 이에 이 추가 사례들의 인터뷰 코딩 후 핵심 사례인 FDSC에 대한 기술도 많은 부분 재배치되었다. 무엇보다 이 인터뷰 이후 연구 대상을 "여성 작업자 커뮤니티"에서 "업계 페미니스트 커뮤니티"로 변경하였다. 커뮤니티 구성원들이 '여성'으로만 이루어져 있지도 않기도 했거니와 '페미니스트'라는 언어가 만들어내는 구분과 긴장감으로 인한 의미 있는 경험이 많이 발견되었기 때문이다. 하지만 연구에서 '여성'과 '페미니스트'라는 단어를 엄밀하게 구분 지어 사용하지는 못했다. 연구 현장에 있는 딜레마를 연구 과정에서 풀어내는 데 이르지 못하고 고스란히 반영한 셈이다.

이 연구의 목적은 업계 페미니스트 커뮤니티를 이끌어온 사람들의 이야기를 전달하는 것보다 FDSC를 중심으로 한 업계 페미니스트 커뮤니티의 현실을 설명하는 데에 더 집중되어 있다. 이에 가급적 커뮤니티를 중심으로 기술하고, 주인공이 없는 글을 쓰고자 했다. 이에 커뮤니티 핵심 멤버들의 기여나, 커뮤니티에 대해 뚜렷한 상을 가지지 못한 구성원들의 이야기 등은 누락되었을 수 있다. 연구를 진행하며 업계 페미니스트 커뮤니티 안에 다양하고 중요한 의미를 가지는 내러티브들이 존재하리라는 것을 느낄 수 있었다. 시간의 제약과 역량의 부족으로 이 프레임까지 활용하지는 못했으나 비단 연구를 통해 정리되지 않더라도, 이미 업계 페미니스트 커뮤니티들이 내보낸 목소리들을 통해 많은 이야기를 접할 수 있다. 이 글이 그 이야기들을 만나는 데 적절한 배경이 될 수 있기를 기대한다.

일러두기

슬랙 Slack
협업을 위한 기업용 메시징 앱. 이용하려면 조직 단위로 별도의 워크스페이스를 개설해야 한다.

노션 Notion
문서 작성, 업무 일정 관리, 데이터 관리 등이 가능한 온라인 협업 툴

FDSC Feminist Designer Social Club
2018년 7월 만들어진 디자인 업계 페미니스트 모임

테크페미 Tech Femi
2016년 강남역 여성혐오 살인 사건 이후 만들어진 IT 업계 페미니스트 모임

프프프 fff, feminist film makers forever
2020년 발족한 여성 영상인 네트워크

루이즈 더 우먼 Louise the women
2020년 만들어진 여성 시각 예술인 네트워크

○○계 내 성폭력
2016년 트위터 해시태그 '#○○계_내_성폭력'을 통해 가시화된 성폭력 피해 공론화운동 흐름으로, 다양한 산업 분야와 특히 예술 분야 내 성폭력 사건들이 가시화되었다.

윤리, 공유 그리고 웃음

2
문화

우연히
설립한 단체

단추수프 행사

"특별한 취향 수만 개를 수집하는 밀리언아카이브입니다."[2] 빈티지 의류 쇼핑몰 '밀리언아카이브'는 성수동 쇼룸에서 시즌에 따라 화려한 패턴의 여름 원피스, 빈티지 그래픽 티셔츠, 크리스마스 어글리 스웨터 같은 단일 품목 마켓을 여는 걸로 유명하다. 하지만 2018년 7월 15일에는 "특별한 취향"으로 표현되면 조금 곤란한 행사가 이곳에서 열렸다. 바로 FDSC의 첫 번째 설명회 'ABC of FDSC'이다. 옷이나 패션, 빈티지와는 아무 상관이 없는 행사로 그래픽 디자이너이기도 한 밀리언아카이브의 정은솔 대표가 트위터에서 우연히 '페미니스트 디자이너 소셜 클럽'이라는 것이 만들어질 예정이며 협찬과 후원을 기다리고 있다는 글을 발견하고 선뜻 장소를 협찬하고 싶다는 메시지를 보내며 일어난 일이었다.

> 장소에 가까워지면서 한산한 거리에 여성들이 하나둘씩 모이기 시작했다. 밀리언아카이브 안 천장과 바닥에는 그래픽이 입혀진 공과 현수막이 설치돼 있었고 참여자들은 가져온 간식들을 서로 나누고 있었고, 이따금씩 노란색 옷을 입은 사람들이 분주하게 움직였다. 언뜻 보기엔 도시의 평범한 평일 저녁, 밝은 미소와 재기발랄한 야망이 배어 나오는 소셜 클럽 분위기가 났다.
>
> "여성 디자이너, 우린 여기에 있다:
> FDSC", 이예연, 『핀치』, 2018.8.14

FDSC 창립 멤버인 김소미, 신인아, 양민영, 우유니는 밀리언아카이브로 모임 사전 답사를 갔다가 '큰일 났다'고 생각했다고 한다. 몇몇이 모여 같이 공부하고 정보도 나누는 소모임 정도를 위한 세미나실쯤을 생각했는데 너무 큰 장소를 협찬받고 말았던 것이다. 밀리언아카이브의 성수동 쇼룸은 층고가 높고 거리 쪽 벽이 통유리창인, 상업 공간에 적합한 곳이었다. 매번 마켓을 새로 열기 용이하도록 별다른 구조물이나 장식물이 없었다. 여기서 소소하게 모이면 썰렁해 보일 것 같았다. 하지만 이내 넓은 공간은 더 재밌는 상상을 하게 해주었다. 운 좋게 만난 멋진 공간을 초라하게 쓸 수는 없었다. 디자이너들이 어떤 사람들인가? 그들은 무언가를 구현해내는 프로세스에 필수 불가결한 일을 한다. 디자인이라는 일의 범위를 좁게 보면 무언가를 시각화한 이미지를 만드는 데 그치기도 하지만, 때로는 무엇을 만들 것인지부터 시작해 드물지 않게 제작까지 담당한다.

멤버들은 밀리언아카이브의 공간에 걸맞은 '행사'를 하기 위해 빠르게 여러 가지를 만들어냈다. 다행히 FDSC에는 우유니가 만든 로고가 있었다. 글로리홀의 야광 공 조명을 활용해 로고 모양의 장식물을 만들고, 벽면에 걸 현수막도 제작했다. 향후 활동을 위한 모금함도 로고 색상에 맞춰 노란색 아크릴로 제작했다. 'ABC of FDSC'에 참여해 FDSC에 가입하고 후기 글도 기고한 이예연은 행사 현장이 근사했다고 회고했다. 세련된 조명 장식물이 놓여 있었고, FDSC의 구상에 대해 발표한 여성 디자이너들은 대단해 보였다. FDSC는 이미 다 완성된 큰 조직처럼 느껴졌다.

사실 FDSC를 시작한 네 사람이 처음 모였을 때는 별

다른 계획이 없었다. 여성으로 디자인 업계에서 살아남기 너무 힘들어서 뭔가 서로 팁이라도 공유하는 모임 같은 거라도 만들어볼까 했을 뿐. 그런 심정이 비슷했던 사람 넷이 모였을 뿐. 일단 모임이 생겼으니 모임 이름을 지었을 뿐이었다. 이름을 짓는 과정은 다음과 같았다.

> *'ASDF(아주쎈디자인페미니스트)' 기각.*
> *'국제그래픽디자인협회' 기각.*
> *'얼토당토' 기각.*
> *...(중략)...*
> *'페미니스트 디자이너 소셜 클럽, FDSC' 결정.*
> 'ABC of FDSC' 발표 슬라이드 중 "FDSC-WHY", 2018.7.15

네 명의 디자이너는 이름을 짓자마자 그에 맞는 로고도 만들었다. 로고가 생겼으니 SNS에 계정도 열었다. 그리고 모임 공간을 구한다는 트윗을 쓴 덕분에 우연히 밀리언아카이브의 멋진 공간을 협찬받게 되었고… 소소한 공부 모임이 아니라 앞에 묘사한 장면과 같이 'FDSC의 설립을 선포하는' 멋진 행사 같은 것을 만들게 되었던 것이다. 당시 행사 신청자 수는 200명이 넘었다. 예상을 훨씬 웃도는 숫자였다. 공간에 모두 수용할 수 없을 뿐더러, 막 생겨난 모임에 갑자기 너무 많은 사람이 들어오면 관리할 방안도 없었기 때문에 참여자 수는 50명으로 제한했다. 이 규칙은 지금도 계속되고 있다. FDSC는 상시 가입 가능한 조직이 아니라 오픈데이라는 이름으로 20~50명 정원의 설명회를 열어 FDSC 활동을 소개한 뒤 참가자에 한해 가입 신청을 받고 있다.

FDSC의 창립 에피소드는 단추수프에 대한 동화를

떠올리게 한다.[3] 배고픈 나그네가 맹물에 단추를 넣으면 아주 맛있는 마법의 수프를 만들어낼 수 있다는 거짓말로 욕심 많은 마을 사람들에게서 재료를 하나씩 얻어내어 결국 진짜 맛있고 풍성한 수프를 만들어낸다는 이야기 말이다. FDSC는 그 수프 같다. 솥과 단추, 물에 각자가 내어온 것들이 금방 잘 어우러져 하나의 음식으로 만들어졌다는 사실, 즉, 어떤 재료에도 열려 있어서 처음에 예상했던 것과는 다른 가능성을 실행해나갔다는 점이 말이다. 이처럼 첫 장면부터 선명하게 드러나는 FDSC의 발현적(emergent) 성격은 FDSC의 핵심적인 작동 방식으로 발전해나간다. FDSC는 계획한 대로 만들어진 조직이 아니다. 페미니스트 디자이너들의 모임인 이 커뮤니티는 미래 계획에 있어 열려 있으며, 구성원들의 요구와 외부 상황에 적극적으로 반응하며 굴러왔다. 네 명의 스터디 모임으로 시작했다가 그 이상의 관심과 수요가 보이고 실행 가능한 환경이 조성되자 곧장 50명을 위한 커뮤니티를 만들었던 것처럼 말이다.

3년(그중 1년 반은 코로나19로 인해 전 사회적으로 모임과 행사가 침체된 시기였다)이 지난 지금 FDSC의 슬랙에는 200명 가까운 멤버가 가입되어 있다. FDSC는 더 큰 조직이 되었고, 법적으로는 '임의단체'에서 '법인으로 보는 조직'이 되었다. 조직을 체계적으로 운영하기 위한 규칙과 시스템을 꾸준히 고도화해왔고, 지역행동팀이 신설되었으며, 여성 작업자들의 목록을 만들어 소개했고, 디자인을 중심으로 다양한 글과 영상, 오디오 콘텐츠들을 발행해왔다. 비영리단체라기엔 사회적 미션

3 "History of the Stone Soup Folktale from 1720 to Now, by William Rubel", Stone Soup, 2021.11.21 접속, https://bit.ly/stonesouptale

이 뚜렷하지 않고, 사이드 프로젝트 팀이라기엔 너무 크고, 네트워크나 협회라기에는 너무 자주 교류하는 이 커뮤니티는 "법인으로 보는 조직"이라는 법적 위상 만큼이나 모호하다. FDSC가 이런 커뮤니티로 성장 한 것은 당연한 일인지 모른다. '마법의 단추수프'에서 어떤 맛이 나게 될지는 아마 맨 처음 수프를 끓이자고 제안한 나그네조차도 몰랐을 테니 말이다.

참고

발현적 조직의 설계 조건 Morgan, 2006

자기조직화 조직, 발현적 조직, 소시오크라시 등 유 연한 조직에 대한 많은 개념과 모델이 있지만 여기 에서는 전략 및 조직 학자 개러스 모건의 설명을 인 용한다. 모건은 탑-다운으로 운영되거나 사전에 설 계된 대로 작동하는 조직이 아니라 자발적으로 자 기조직화하며 환경에 적응하고 새로운 현실을 창조 해내는 발현적 조직을 설명하기 위해 홀로그래픽 조직이라는 은유를 사용한다. 홀로그래피 이미지가 하나의 픽셀에 있는 정보값만으로도 구성될 수 있 다는 점에 착안한 은유이다. 부분이 전체를 만들어 나가는 이런 발현적 조직을 만들기 위해서는 다음 과 같은 원칙들이 필요하다.

(원칙1) 부분 속에 전체를 담기
- 조직 구성원들을 결속시키는 비전, 가치, 공유된 목적의식 등을 활성화시킬 것
- 미래에 대해 개방적이고 진화적인 접근법을 취할 것
- 다양한 관점에서 접속 가능한 적절한 정보 시스 템의 설계
- 분업화된 역할에 제약받지 않고 총체적으로 일 하는 팀들

(원칙2) 잉여성(redundancy) 확보의 중요성

• 정보 처리 면에서 여유성 확보
• 숙련과 업무 설계 면에서 여유성 확보

(원칙3) 필요 다양성

• 조직의 구성 요소가 외부 환경의 복잡성에 상응
  해야 함 〔ex.현실 세계의 복잡성이 반영된 구성
  원의 다양성〕

(원칙4) 최소한도의 규정

• 구성원에게 제한된 그러나 책임 있는 자율권을
  부여할 수 있는 최소한의 규정 수립
• 과도한 규정과 규칙의 제정은 지양

(원칙5) 학습을 위한 학습

• 환경 변화를 탐색하고 예견
• 변화하는 상황에 따라 시스템의 규범과 규칙을
  되묻고 변화를 수용

『조직이론: 조직의 8가지 이미지』(경문사, 2012)에서 발췌 및 수정

윤리, 원칙, 매뉴얼

페미니스트가 아닌 회원은 없다(일단은)

FDSC에 시작부터 확실하게 존재했던 것도 있다. 바로 규칙과 원칙들이다. 일종의 모임 규칙으로 볼 수 있는 CoC(Code of Conducts)는 커뮤니티 멤버들의 구체적인 행동을 제약하거나 촉진하는 내용을 담고 있고, 좀 더 큰 이야기인 운영 방침은 FDSC의 F를 담당하는 단어 '페미니스트'에 부합하는 선언적인 언어를 담

고 있다. 우리는 FDSC가 어떤 계획과 과업을 목표로 만들어졌는지는 알 수 없지만 2018년에 무엇에 대한 반발과 어떤 지향으로 만들어졌는지는 알 수 있다.

1. 야근, 격무, 회식이 당연시되는 문화는 여성과 사회적 약자를 배제함을 인지하고 노동환경 개선을 위해 공부하고 실천합니다.
2. 좋은 디자인에는 명확한 이유를 붙이고, '천재적 재능' '감각' 등 종교적으로 디자이너를 신격화하는 시선을 거둡니다.
3. 공짜로 일하지 않습니다. 무급 노동, 인턴제를 거부합니다. 우리는 우리 직업과 기술에 자부심을 가지고 그 결과물에 정당한 대가를 요구하는 법을 공부하고 실천합니다.
4. 작업을 발전시키고, 알리고, 자신감을 가지는 훈련을 합니다.

1번부터 4번까지의 항목들은 여성과 다른 사회적 약자 정체성을 부여받은 작업자가 기울어진 운동장에서 경험하는 배제에 저항하기 위한 직간접적 실천들을 말한다. 과로와 저임금을 말하는 1번과 3번이 어떤 업종의 여성 종사자든 공감할 만한 내용이라면 2번과 4번은 '디자이너'이기에 등장하는 내용이다. 정량적 성과보다 질적이고 시각적인 결과물로 가치를 평가받는 디자인 일의 특성상 모호한 수사를 통해 부각되는 이와 배제되는 이가 생기고, 그 수사의 힘은 발화자의 권력에 크게 의존할 수밖에 없다. 권위 있는 사람의 칭찬이 더 좋은 기회로 이어지는, 소위 '인맥'이라고 하는 폐쇄적인 네트워크의 힘이 발동되기 좋은 환경인 것이다. 이는 기울어진 운동장의 원인이자 결과로, 불평등을 강화하는 핵심 기제다. 그렇기에 FDSC는 '페미니스트 디자이너'에게 기존의 모호한 수사를 거부하여 지배적인 말의 힘을 약화하는 동시에 자신의 작업에 대해서는 더 많이 발화할 것을 권유한다.

5. 지인을 통한 고용이나 협업은 지양합니다.

5번은 더 평등한 환경을 만들기 위한 실천을 이야기하고 있다. 여성이라는 사회적 약자로서 업계의 여성혐오에 저항하는 실천뿐 아니라, 사회 구성원으로서 더 나은 환경을 만들어나가기 위한 윤리적 책임도 함께 요청하는 셈이다.

6. 성폭력, 성추행, 성희롱 그리고 혐오엔 무관용 원칙을 적용합니다.
7. 존중을 바탕으로, 질문과 제안, 실수와 실패를 모두 환영합니다.

6번과 7번은 개인에게 요청한다기보다는 FDSC의 약속처럼 보이는 항목들이다. FDSC가 만들어진 2018년에는 안희정 전 충청남도 도지사의 위계에 의한 성폭력을 고발하는 사건이 있었다. 문화 예술계에서는 2016년 "#○○계_내_성폭력" 해시태그를 필두로 수많은 성폭력 사건이 침묵을 깨고 쏟아져 나왔다. 용기 내어 입을 연 생존자들 덕분에 일터의 여자들은 자신이 놓인 구조의 취약성과 위험성을 더 명확히 직면할 수 있었다. 이 위험으로부터 스스로를 '보호'하려다 역으로 고립되는 딜레마에 빠지지 않으려면, 여성들이 자유롭게 활동할 수 있는 '안전한 관계와 공간'이 필요했다. 그러므로 성폭력, 성추행, 성희롱, 혐오에 대한 "무관용 원칙"이라는 표현은 안심하고 모이기 위한 신생 커뮤니티의 최소한의 표현이었을 것이다.

이 운영 방침은 조금 더 구체적인 사례를 포함한 친절한 내용으로 발전되었다. 특기할 만한 부분은 마지막 7번 항목의 변화다.

> 7. 나에게 주어진 맥락과 상황 속에서 할 수 있는 일을 탐색하고 실천합니다.
>
> 1. 1~6의 내용을 실천하기 어려운 상황에 놓여 있을 수 있습니다. 혹은 1~6이 자신의 상황과 맞지 않을 수 있습니다. 내가 오늘, 나의 삶에서 할 수 있는 일들을 능동적으로 탐색하고 실천합니다.
>
> 2. 7.1의 내용은 FDSC 커뮤니티에도 공유해주세요! 함께 실천하여 새로운 질서를 만들어 나갑시다. FDSC의 원칙, 2021

아직 기울어져 있는 운동장 위에서 이 원칙들을 철저히 지키는 것이 어렵다면, 자신이 처한 처지와 조건 속에서 조금이라도 할 수 있는 실천을 하자고 독려하는 내용이 마지막으로 들어간 것이다. 반드시 지켜야 할 계율이 아니라 각자의 맥락에서 고치고 적응할 수 있는 자리를 남겨둔 원칙은 '자신이 처한 처지와 조건'을 세계와의 상호 의존성의 맥락에서 이해할 수 있도록 돕고 자신으로부터 비롯하는 힘을 긍정하는 페미니즘 인식론을 떠올리게 한다.

FDSC는 신규 회원을 모집하는 오픈데이에서 항상 이 내용을 설명함으로써, 모든 회원이 이 내용에 동의하여 가입하도록 하고 있다. 또한 2021년 4월에는 FDSC 내의 폭력, 차별, 갈등 상황에 대한 대응을 포함한 커뮤니티 가이드라인을 도입하였다.(이 과정은 FDSC를 이해하기 위한 중요한 에피소드로 '4장.변화'에 자세히 기술하였다.) 즉, 당연하게도 페미니스트 디자이너 소셜 클럽에 '페미니스트'가 아닌 사람, 즉 여성을 주변화하고 여성의 안전을 위협하는 사람은 없다. 이는 FDSC라는 커뮤니티가 존재하기 위한 가장 중요한 조건이다.

이용 방법은 여기에

"다시 읽어보니까 너무 비장하게 썼더라고요." 여성 생활미디어 『핀치』에 'ABC of FDSC'의 후기 글[4]을 기고했던 이예연은 트위터에서 FDSC의 존재를 보고 "바로 이거다!"라고 생각해서 열정적으로 신청서를 작성했다고 회고했다. 그래픽 디자인계에서 일어난 페미니즘 이슈들과 이를 둘러싼 활동들, 소수자들이 받아야 했던 상처. 그런 것들에 대해 의견을 보낼 수 있는 곳이 마침내 생긴 것이다. 근사한 설명회를 보니 FDSC는 이미 시스템이 구축되고 자리 잡은 곳처럼 보였다. 하지만 이후 FDSC 멤버가 되어 온라인 공간인 슬랙에 접속해보니, 정해진 것은 거의 없고 지금부터 모두가 함께 만들어나가야 하는 상황이었다. 그런 상황에 꼭 들어맞게도 FDSC CoC의 첫 번째 항목은 "FDSC는 여러분의 참여로 기능합니다"였다.

1. *FDSC는 여러분의 참여로 기능합니다.*
   a. *아주 작은 참여라도 커뮤니티를 활성화하는 데 기여하며 FDSC가 모두에게 유용할 수 있게 만듭니다. 모든 질문은 유효하고 반드시 누군가에게는 도움이 됩니다. 주저 말고 묻고 이야기합시다!* FDSC 설립 당시 CoC

4   "여성 디자이너, 우린 여기에 있다: FDSC", 『핀치』, 2018.8.14 수정, 2021.11.29 접속, https://bit.ly/pincharticle

FDSC는 회원의 참여 없이 유지될 수 없지만, 활동 참여를 강요하지는 않는다. 회원이 반드시 해야 하는 활동은 가입 초기 온라인 자기소개 채널에 자기소개를 올리는 정도다.(지정된 기간 내 자기소개를 올리지 않을 경우 FDSC의 온라인 자원과 소통 공간에 대한 접근 권한이 주어지지 않는다.) 활동을 강요하지 않는 대신 FDSC에는 누구나 활동 방법에 쉽게 접근할 수 있게끔 하는 문서와 장치들이 자리 잡고 있다. FDSC의 규칙들은 처음부터 구체적이었다.

> 3. *각 채널의 성격과 사용법을 숙지 후 사용합니다.*
> *a. 같은 메시지를 다양한 채널에 포스팅하거나 너무 많은 메시지를 한번에 포스팅하지 않습니다. 또 의견을 나누거나 질문의 답을 할 땐 스레드를 사용하여 스크롤 압박을 줄입시다.*
> *b. 슬랙을 사용하다가 궁금하신 점은 FDSC 슬랙 사용법 PDF를 참고하고 그래도 궁금한 점이 있다면 FDSC 운영팀 계정에 DM을 보내 문의할 수 있습니다.* FDSC 설립 당시 CoC

이는 점차 발전해서 지금은 FDSC 위키(이하 '위키')로 자리 잡았다. 웹페이지 기반의 협업 툴 노션으로 구축한 위키는 FDSC의 회원이 되면 할 수 있는 수많은 일과 FDSC의 회원으로서 지켜야 할 윤리를 함께 담고 있는 문서다. 신입 회원은 여기서 FDSC의 주 활동 공간인 슬랙 사용법과 슬랙 채널들의 용도부터 FDSC의 조직 구성, '빅활동'들의 프로젝트 진행 방식까지 FDSC의 활동에 참여하기 위한 구체적인 방법과 자원들을 얻을 수 있다. FDSC에 축적된 인적 자원 리스트나 자료 활용법도 이곳에 있다.

'FDSC 위키편찬위원회'를 주축으로 만들어진 이 체계적인 매뉴얼은 FDSC 조직 위계의 단순함과 대비된다. FDSC는 기본적으로 대표가 없는 조직이다. 운영팀이 있고 '운영팀장'이 있으며 프로젝트별로 '대장'이 존재하지만 활동을 위해 실무를 하는 역할에 가깝고, 회원으로부터 의사 결정권을 위임받은 집단은 아니다. 다시 말해 FDSC의 회원은 원칙적으로 모두 동등한 일반 회원이다. 조직의 위계는 단순하지만 이들이 공유하고 있는 문서와 자료는 꽤 복잡한 유기적 시스템을 이루고 있다. 자발적으로 만들어진 커뮤니티가 구성원의 수평적인 권한과 의무를 선언하는 건 드물지 않은 일이지만, 이를 실현하는 것은 별개의 과제다. FDSC는 이 과제를 풀기 위해 모든 자료를 축적하고, 조직에 쌓이는 경험과 암묵적인 지식들을 지속적으로 문서화하는 접근법을 선택했다. FDSC 회원으로 활동한 기간에 따른 지식과 역량의 차이를 최대한 무화하기 위한 인프라를 구축해온 것이다.

끊임없이 생산하는
디자이너들

친목질, 술, 모두 기우였던 것으로 밝혀져

2018년부터 2020년까지, FDSC는 2년 반 동안 엄청나게 많은 것을 만들어왔다. FDSC SNS에서 페미니스트 디자이너를 소개하는 '페디소'부터, 팟캐스트 '디자인FM' 'MMCA 서울관: 또 다른 가족을 찾아서' 전시 참여, 콘퍼런스 '페스테', 디자이너들이 쓴 글을 발행하고 책으로 엮어내는 'FDSC.txt' 등등. 지금도 FDSC는 트위터와 인스타그램, 팟캐스트와 유튜브, 글까지 발행하면서 각종 페어에 부스를 내고, 거의

FDSC 주요 활동

2018 하반기	소모임	운동 / 견적서 / 1인사업자 / 연말정산 / 사진
	활동	포트폴리오 리뷰 / 스튜디오 어택 / 페미니스트 디자이너를 소개합니다(페디소)
	언론	여성생활미디어『핀치』I'm a pro 연재
2019 상반기	소모임	클라이언트 커뮤니케이션 / 시네마 4D 공부 / 단가 알아보기 / 여성 리더십 등
	활동	팟캐스트 디자인FM / 운동해
2019 하반기	소모임	포트폴리오 / 스튜디오 사진 촬영 / 주니어 디자이너 / 기후위기 / 영국 및 유럽 디자인 등
	활동	서울인기 부스 / fflag high / FDSC 집필실 1기 / 이직 구직 타운홀 / 언리미티드 에디션 부스 참여 /『디자인FM』출간
	언론	『여성신문』행사 참여 /『서울신문』/『한겨레』인터뷰
2020 상반기	소모임	글쓰기 / 사업자 재무관리 / 견적서 / 주제 자유 정기 온라인 모임 / 포트폴리오 / 글립스 / 레터링 / 게임 개발 등
	활동	충청 오픈데이 / 디자인 이모고모 / 페스테 1회
2020 하반기	소모임	레터링 / 카이로프랙틱 / 마음챙김 / 예술계 내 성폭력 / 인하우스 페미니스트 디자이너 / 혼자 일하는 디자이너 / 견적서 / 피그마 / 디지털 디자이너 찾기 / 그렙 / 포트폴리오
	활동	MMCA 서울관: 또 다른 가족을 찾아서 전시 / 디자인FM 시즌2 / 밝은 미래 연구소 / 폴더 어택
2021 상반기	소모임	피그마 / 프리랜서 계약서 쓰기 / 화술 스킬 / 자기 방어 / 프리랜서 / 디렉터 / 달리킹 등
	잡담 채널	돈방석 / 지구지키미
	활동	디자인 서당 / FDSC.txt / 대구 오픈데이 / 커뮤니티 가이드라인

1년 내내 무언가를 발행하고 있다. 솔직히 말하자면 짧은 기간 내에 어떻게 이렇게 많이 만들어낼 수 있는지 이해할 수 없을 만큼 많은 콘텐츠가 FDSC에서 만들어져왔다.

FDSC 지역행동팀 담당이자 홍보팀(페디소), 커뮤니티문화팀에서 활동하고 시소 프로젝트를 이끌기도 한 정은지는 가입 초기 FDSC에서 특별한 에너지를 느꼈다. "여기(FDSC)에서는 할 수 있는 게 너무 많거든요. 사람들이 너무 똑똑하고, 한마디 던졌는데 일이 굴러가니까 너무 재밌는 거예요. 그거에 마약처럼 빠져서…" FDSC가 맨 처음 촉발되고 설명회 행사를 거쳐 조직으로 만들어진 과정(단추수프 행사)에서도 드러났듯이, FDSC에서는 아이디어가 기획으로 발전하고 구현되기까지의 상호작용이 굉장히 빠르게 일어난다. 기본적으로 FDSC 회원들은 무언가를 만들어내는 데에 주저함이 적은 편인데, 이 지점에서 새삼 이 조직이 형태를 고안하고 재현하는 일을 하는 작업자들의 모임임을 상기하게 된다.

'일'과 '생존에 대한 필요'. 초기에 FDSC에서 회원들을 연결시키는 가장 주된 흐름은 이 두 가지였다. 여성이 살아남기 어려운 업계에서 잘 살아남아보자고 모인 50여 명의 페미니스트 디자이너는 업계에서 잘 살아남기 위한 수많은 방법을 공부하고 나누기 시작했다. 견적서 쓰는 법부터 이직과 구직, 클라이언트에게 컨택 메일 쓰는 방법, 사내에서 여성 리더로 성장하는 방법과 새로 나온 디자인 툴 스터디까지. 창립 멤버인 김소미는 이 당시에는 FDSC가 술 마시고 친목하는 커뮤니티가 되면 안 된다고 생각했다고 한다. 놀기 좋아하고 자기 관계를 만드는 데 집중하는 사람들이 '중심'

이 되어 커뮤니티가 굴러가면 남초 사회의 배제적인 '알탕 문화' 같은 것이 반복되지 않을까 염려했던 것이다. 그래서 당시에는 디자인에 관련된 주제로만 '소모임'을 열 수 있었다. "그렇다고 완전히 디자인에 관련된 내용이기만 해야 한다는 건 아니고, 예를 들어 감자 먹는 모임 같은 걸 열어도 되는데, 그럴 때도 '햇감자를 먹어서 디자이너들의 건강을 증진시키는 모임' 같은 식으로 말을 만들자는 정도의 얘기였죠."

그런데 페미니스트 디자이너 커뮤니티에서 비생산적인 친목 모임에 대한 걱정은 완전히 기우였다. 이미 현업으로 일하고 있는 페미니스트 디자이너들은 이타적이고, 협조적이었다. 커뮤니티를 사유화하려는 '친목질'과 '정치질'의 기미 같은 것은 없었다. 오히려 '일'에 대한 '도움'이 필요하다고 할 때 보탬이 되고 싶다며 손을 들었고, 맡은 일을 잘 하지 못하기라도 할 때면 서로 서로 미안한 기색을 비추는 분위기였다. 회원들은 더 가볍게 진행해도 되는 일도 최선을 다해서 갖춰진 결과물을 내놓았다. 마치 FDSC의 첫 번째 설명회가 잘 디자인된 보도자료까지 발행했던 것처럼 말이다.

자기 착취의 딜레마

긍정적인 문화처럼 들리지만 높은 생산성은 FDSC의 양날의 검이다. FDSC의 활력과 매력을 만들고 회원들을 연결시키는 매개인 동시에, 섣불리 활동을 시작하기 어렵게 만드는 문턱이기도 하다. 정은지는 FDSC에서 할 수 있는 일이 너무 많아서 느꼈던 매력을 이야기할 때 양가적인 감정을 덧붙였다. "근데 그렇게 일을 몇 번 굴리고 나면 정신이 차려지면서 여기에 내가 에너지를 얼마나 썼는지 느끼게 되고, 이렇게 계속할 수는 없겠다는 생각이 들어요." 창립 멤버이자 선뜻 로고를 만들어 FDSC의 그럴싸한 출발에 기여했던 우유니도 FDSC 활동에서 힘들었던 순간으로 일을 못 해냈던 경험을 들었는데, 다른 인터뷰이들도 공감을 표했다.

> 제가 본업 때문에 바빠서 FDSC에서 해야 하는 일이 밀렸다거나, 자진해서 하겠다고 해놓고서 늦어지거나 못 하게 되면 너무 스트레스를 받았어요. 우유니

일하는 페미니스트들의 모임인 만큼 '일'과 '생산'은 페미니스트 작업자 커뮤니티에서 빠질 수 없는 키워드다. FDSC 회원들은 업계에서 더 오래, 더 잘 살아남기 위해 모였다. 이들은 서로가 살아남는 데 도움이 되는 더 많은 성취를 최대한 나눌 것이다. 여성 디자이너를 업계에서 가시화하고, 더 많은 발화의 기회를 만들기 위한 협업을 계속해나갈 것이다. 하지만 업계 여성혐오의 원인은 여성들이 '일'을 너무 적게 하거나 못하기 때문이 아니라는 점에서, 오히려 그와는 반대로 "야근, 격무, 회식이 당연시되는 문화"(FDSC 원칙 1.a.)에서 비롯한다는 점에서 '일'과 '성취'에 대한 강조는 페미니스트 디자이너의 윤리와 긴장감을 만들어내는 지점이 있다. 이 긴장감은 FDSC의 활동과 매뉴얼에 고스란히 녹아 있다.

예컨대 FDSC에는 운영진이 지나치게 열심히 일하지 않도록 조절하는 여러 겹의 장치가 있다. 겸할 수 있는 활동의 수에 제한을 둔다거나, 일하는 시간을 기록하고 20시간을 초과하면 그만 일하라는 알림이 오도록 하고, 방학 제도를 두어 중간에 한 달 정도 휴식을 취할

수 있게 하고 졸업이라는 장치로 운영진을 그만두고 돌아오는 일을 너무 무겁지 않게 만들었는데, 사실 대체로 운영진들은 책임감이 높고, 폐를 끼치기보다는 자신이 괴로운 편을 택하기 때문에 이런 장치들이 잘 지켜지기는 쉽지 않다. 게다가 자신의 아이디어가 반영된 자발적인 활동이어서 잘 해내고 싶은 의욕도 높은데, 과로 방지가 커뮤니티 활동의 가장 큰 이점인 재미와 보람을 해칠 수 있다는 점도 운영진의 고민이다.

> *[멈춤.txt]* 페미니스트 디자이너가 말하는
> *'멈춤'에 대한 이야기*
>
> *이번 가을, FDSC.txt 글쓰기 모임에서는 멈춤을 이야기해보았습니다. 일터에, 관계에, 마음에, 삶의 터전에 기존의 작동을 멈추고 달라붙어 있던 익숙함을 떼어내는 데 꽤 큰 용기가 필요했습니다. 그리고 다음은 어디로 나아가게 될까요? 생산으로 질주하는 시대 페미니스트 디자이너가 말하는 '멈춤'에 대한 이야기를 건넵니다.* FDSC.txt 2기
> 소개 글

이 딜레마는 앞으로도 오랫동안 이어질 것 같다. FDSC는 기울어진 운동장을 떠나는 대신 기울어진 운동장 안에 머물면서, 운동장을 기울이는 권력으로부터 독립된 채 자신의 힘으로 기울기를 바꾸기로 선택한 곳이니 말이다. 사회적 약자를 착취하는 기울어진 운동장은 여성 작업자들이 그동안 작업자로서의 역량과 자아 실현에 대한 욕구, 사회적으로 인정받고 발언권을 가질 권리를 있는 그대로 바라볼 수 없도록 방해해왔다. 지금도 업계의 기울어진 질서 안에서 일하고 살아가고 있는 이들이 만든 모임, 즉 현실에 발디딘 채로 현실을 바꾸기 위해 모인 모임인 만큼 '일'과 '생산성'을 둘러싼 모순을 경험하는 것은 어찌 보면 당연한 일이다. 그래서

FDSC가 업계에서 여성의 발언권과 협상력을 확보해 나가는 '정치'와, 그 정치를 위한 조직의 '일'의 방식과, 커뮤니티 구성원들 간의 페미니스트적인 '관계' 맺음을 일치시켜나가는 과정은 그 자체로 정치적 의미를 가진다. FDSC에서 감지할 수 있는 웃음의 장면들과 유머가 FDSC의 명시적인 선언들과 각종 콘텐츠들 만큼 중요한 의미인 이유다.

웃기는 페미니스트들

자기소개의 꽃말은 자기자랑이라는 사실을 아시나요…? 자기소개 해주세요! 자랑거리가 또 생기면 또 해주셔도 됩니다. FDSC 슬랙 "#08-자기소개-자랑-방" 채널 소개 문구

유머와 위트는 여성성과는 거리가 먼 성격으로 여겨진다. 사람들은 여성들이 웃기고, 자신들끼리 즐거울 수 있다는 것을 좀처럼 믿지 못하는 경향이 있는 듯하다. 특히 한국 사회에서 여성에게 기대되는 역할은 웃기는 것보다는 웃어주는 것인데, 이런 사회에서 페미니스트는 웃을 수 없는 상황을 더 자주 만나기 때문에 더더욱 성적 엄숙주의와 연결 지어져 유머나 즐거움과는 거리감이 있는 존재로 대상화되기도 한다. FDSC의 원칙들을 상기해보면 확실히 페미니스트 커뮤니티는 높은 수준의 윤리적 규범을 갖춰야 하는 진지한 공간일 것 같다.

하지만 FDSC는 윤리와 웃음 사이에 선을 긋지 않는다. 오히려 더 마음껏 웃음을 누리자는 듯이 콘텐츠나 행사에서는 적극적으로 유머와 가벼움을 장착하는 편이다. 2019년 봄 월드컵공원에서 열렸던 제1회 '운동

해'도 참여자들에게 즐거운 기억으로 남아 있는 행사다. 사진 속에서는 FDSC 로고 컬러인 노랑 검정으로 귀엽게 디자인된 팀복을 나눠 입은 회원들이 코트에서 뛰고 웃고 겨루고 있다.

> 2019년 4월 20일, 제1회 '운동해'는 '여가여배'(여자가 가르치고 여자가 배운다) 프로젝트를 진행하는 이아리, 작년 '동분서주'라는 이름으로 운동회를 열었던 보슈의 신선아, '운동부족' 전시를 기획했던 팩토리2의 여혜진, FDSC 운동 모임 멤버 도한결, 양민영이 준비했습니다. FDSC 회원 36명이 모여 재미있게 몸을 쓴 그런 하루였습니다. 제1회 FDSC '운동해'에서는 MVP뿐만 아니라 참가자 모두가 선물 한 가지씩을 안고 돌아갔습니다. https://fdsc.kr/79

한편 운동 소모임은 FDSC에서 가장 오래된 소모임이기도 하다. 이예연이 첫 번째 설명회에서 제안해서 만들어졌다. "그때 자유 발언 타임이 있었는데 뭔가 다들 쭈뼛하고 말씀을 안 하시더라고요. 내가 뭐라도 말해볼까 해서 용기를 내서 얘기를 했는데, 맨 뒤에 앉아 있어서 앞을 보니까 거기 와 있는 사람 다들 자세가 구부정한 거예요. 그래서 갑자기 디자이너들 운동 같이 하면 좋을 것 같다고 이야기를 했는데, 그때 그게 시작이 된 거죠. 말하는 사람이 실행시키는 전통의 시작… 그래서 초반에 운동 소모임 반장?을 했었죠."

친목보다는 생산적인 모임이 주로 이루어졌던 FDSC 창립 초반에 운동 소모임은 상대적으로 멤버들이 빠르게 가까워질 수 있는 모임이었다. 디자인 작업의 특성 상 다들 컴퓨터 앞에 오래 앉아 있고 운동에 익숙하지 않다 보니, 운동 수업 시간 내내 비명을 지르며

©강희주

'몸 개그'하는 분위기가 되어버려 금세 서로 친숙해졌던 것이다.

적극적인 몸 쓰기로 분위기를 전환시킨 사례는 또 있다. 2020년 7월 오픈데이부터 자기소개 시간에 '파워 포즈'가 도입되었는데, 이로써 오픈데이에 참여한 모두가 다리를 벌리고 선 자세, 팔짱 낀 자세 등 인위적으로 과시적인 자세 중 한 가지를 취하고 자기소개를 해야 했다. 여성들에게 배어 있는 겸양적 태도 탓에 모두가 자신이 별거 아닌 사람이라는 듯 적당히 소개하고 지나가는 분위기가 만들어지는 것을 지양하고자 도입한 장치였다. 재미있게도 이 장치가 도입된 시점 이후 슬랙 자기소개 채널에 올라온 메시지의 분위기가 달라졌는데, 이전에는 조심스럽게 작업물을 소개하는 내용의 메시지가 많이 올라왔다면, 이후에는 말투도 좀 더 가벼운 구어체로 바뀌고 커리어나 전공을 바꾼 경험, 비수도권 지역에서 활동하는 디자이너로서의 고민, 양육자로서의 경험 등 여성 디자이너로서의 개인적인 경험들이 다양하게 공유되었다. 어딘가 유머러스한 톤과 자연스러운 자기 자랑도 늘어나는 경향이 보인다.

많은 회원이 즐거웠노라 기억하고 있는 행사는 코로나 19로 인해 FDSC의 마지막 오프라인 총회가 되어버린 FDSC 2019 송년회(드레스코드: 오바쌈바)이다. 이날의 사진들은 범상치 않다. 사람들은 머리에 게와 문어 모자를 쓰고 있거나, 트리로 분장했거나, 먼지 덩어리 옷을 걸치고 있거나, 무당, 텔레토비 등 별 희한한 코스튬을 입고 있다. 그런 이상한 차림을 하고 따뜻한 전구색 조명 공간에서 비건 케이터링 음식을 고르고 있거나, 발표를 하고 있거나, 노래방 기계로 노래를 하

고 있다. 이상한 장면이다. 후기에 따르면 이날 자리는
(알콜의 힘 없이) 새벽까지 이어졌다고 한다. 모두가 제
정신인 표정으로 웃기려고 작정한 듯 본격적인 '오바
쌈바' 코스튬을 입고 있다는 점이 어디서도 본 적 없는
낯선 웃음을 준다. FDSC 회원이자 디자인 연구자인
전가경은 이날의 즐거움이 어떻게 만들어졌는지 아래
와 같이 설명하고 있다.

> 송년회에는 '오바쌈바'라는 난해한 드레스코드가
> 있었는데 누구도 성 고정관념에 안주하는 이미지
> 를 착용하지 않았다. 기발하고, 우스꽝스럽게 '정
> 상성'을 한껏 틀어버렸다. 송년회는 게다가 섬세
> 했다. 각 회원의 개별성을 최대한 존중한다. 술을
> 매개로 하는 질펀한 회식 자리가 아닌, 각자가 자
> 신의 취향과 기호에 맞게 적당히 음미한다. 강요
> 는 없되 존중은 존재한다. 케이터링은 비거니즘
> 의 실천이었으며, 몇몇 선별된 디자이너의 자신
> 의 한 해 리뷰인 'FDSC TED Talk'는 서로가 자
> 극받고 용기를 불어넣는 '임파워링'의 시간이었
> 다. 정식 프로그램의 마지막이자 하이라이트였
> 던 노래자랑은 '나 노래도 해'를 입증하는 시간이
> 었다. 우리는 간혹 상대방의 측면을 볼 필요가 있
> 다, 조금 더 가깝게 다가서기 위해. 노래자랑은
> 그런 기능이었다. 전가경, "레몬같이 톡 쏘는 건강한 합리성,
> FDSC", 어라운드바디 블로그에 기고

'운동해'와 파워포즈의 도입, 오바쌈바 송년회와 같은
전기적 순간들을 지나 이제 웃기는 분위기는 FDSC
에 완전히 자리 잡은 문화가 된 듯하다. 2021년 여름
에 열린 FDSC의 온라인 총회 콘셉트는 'FDSC 하계
수련회'였는데, 고전적인 '가정통신문' 공문 양식을
본뜬 홍보물부터 행사 전체가 한국인을 위한 인사이

드 조크로 점철되어 있다. 이 온라인 회의에서 회원들은 ZOOM 배경과 BGM을 통해서 학교 주차장에 모였다가(시작 전 대기 화면) 학교 강당에서 교장선생님 훈화를 듣고(여는 말) 고속버스를 타고(식순 소개-고속버스 TV 화면을 활용한 뉴스 콘셉트의 회계 보고) 천안휴게소에 들른 뒤(쉬는 시간) 어딘가의 수련원에 도착하는 경험을 할 수 있었다. 무려 소지품 검사(활동 소개를 다양한 소지품들로 풀어냈다) 시간까지 있었다. 외향적이고 사람들을 잘 웃기는 데 특화된 사람들의 개인기로 만든 웃긴 분위기가 아니라 속된 말로 '쓸데없이 고퀄리티'라고 할 만한 과잉 콘셉트에 모두가 은근히 동참하고 있었다. '웃겨야 한다'는 압박감 없이 수십 명의 사람이 다 함께 진심으로 농담을 만들어가는 실로 진귀한 장면이었다. 총회 전날 열린 오픈데이도 예외는 아니었는데, FDSC가 예비 회원들을 처음 맞이하는 이 행사에서 예비 회원들은 기획팀이 사전에 우편 발송한 독특한 종이 모자를 쓰고 '자신을 나타낼 수 있는'이라는 콘셉트에 맞춰 각자 정성껏 준비해온 배경을 뒤로하며 덤덤하게 파워 포즈를 하고 소개를 이어나갔다.(나는 '연구자'에 맞춰 그냥 구글에서 검색한 책장 사진을 배경에 두고 있었다.) 창립 멤버도, 신규 운영진도, 예비 회원도 웃음과 유머에 대한 부담감과 창피함으로부터 상당히 해방된 듯하다.

> *분위기를 깬다는 것은 삶을 열어젖히는 것이고,
> 삶을 위한 공간, 가능성과 기회의 공간을 만드는
> 것이다.*

'분위기 깨는 페미니스트'(killjoy feminist)는 불행한 퀴어, 화난 흑인 여성, 우울한 이민자 등 서구 백인 이성애자 남성 중심의 '정상성'을 강요하는 사회에서 즐거움과 행복을 찾을 수 없는 존재로 대상화되어온 소수자를 위해 고안된 개념으로, 배제적이고 차별적인 행복과 즐거움을 주변화하고 도구화하여 생각함으로써 '다른 행복'을 상상하는 데 도움을 준다. 서로에 대해서 아직 잘 모르는, 시각화에 유독 뛰어난 사람들이 모여 있는 '페미니스트 친구'들의 모임인 FDSC가 생산하는 유머러스한 장면들은 의도했든, 의도하지 않든 간에 어느 정도 이 깨진 분위기의 틈에서 탄생한 것처럼 보인다. 슬랙에서 총 227개의 리플이 달린 브라질리언 왁싱 스레드에서 만들어진 이 이미지를 포함해서 말이다.

누구나 언제든
큰일을
할 수 있도록

3
조직

정보시스템:
흘러가며 누적되는 정보

우리의 말이 쌓이면 지식이 된다

"사람들과 정보를 연결해주는 기업용 메시징 앱"[5] 슬랙(Slack)은 FDSC의 실체라고 해도 과언이 아니다. FDSC의 회원이 된다는 것은 곧 슬랙에 초대받고 활동할 수 있게 되는 것과 다를 바 없다. 보통은 회사에서 사용하는 앱이지만 FDSC 창립 멤버들은 좀 다른 선택을 하고 싶어 일부러 슬랙을 선택했다고 한다. FDSC뿐 아니라 많은 페미니스트 커뮤니티, 여성 커뮤니티 서비스 등이 슬랙을 사용하고 있다. 기능적인 편리함도 중요한 요인이겠으나, 초대 링크를 받아야 가입할 수 있다는 점 즉 닫힌 공간, 침입받지 않을 수 있는 공간이라는 점도 중요하게 작용했을 것이다. 나는 소위 '여초 카페'라고 불리는 10년 이상 된 온라인 여성 전용 커뮤니티 한 곳에 가입하려다 실패했던 기억이 떠올랐다. 특정 시기에만 가입이 가능한 데다가 신분증을 제시해야 하는 경우도 있고, '카페' 같은 커뮤니티가 아니라 공개된 웹 게시판들은 닉네임조차 없이 완전히 특정할 수 없는 익명으로만 운영되기도 한다. 적당한 수준의 '안전'은 무엇일까? '여자 집단'으로 라벨링되는 순간 괴롭힘의 대상이 될 수 있기에 고민은 계속된다.

사용해본 적 없는 이를 위해 설명하자면 슬랙은 기본적으로 메신저 앱인데, 통상적인 메신저 앱보다는 다

---

5   "Slack 이란 무엇인가요?", Slack 고객지원센터 웹사이트, 2021.12.4 접속 https://slack.com/intl/ko-kr/help

층적이다. 슬랙을 개설하면 하나의 채팅방이 아니라 특정 URL의 워크스페이스가 생기고, 이 워크스페이스는 초대를 받아야 들어갈 수 있는 닫힌 공간으로 운영된다. 그리고 워크스페이스에는 여러 대화 채널을 만들 수 있다. 채널 안에서 대화할 때는 특정 메시지 밑에 계속 이어서 댓글을 달며 대화를 해나가는 스레드 기능을 사용할 수 있어 메시지 앱이지만 게시판의 기능도 한다. 더 쉽게 설명하자면, 카카오톡처럼 가벼운 메시지들로 운영되는 게시판들이 여러 개 있는 인터넷 카페 같은 구조라고 볼 수 있다. 채널은 보통 용도별로 만들어지고, 각 메시지에 바로바로 댓글처럼 대화가 이어진다. PC에서 보는 슬랙 화면은 3개의 열로 구분되어 있어 채널과 대화창 그리고 메시지 스레드를 동시에 볼 수 있다.

FDSC 슬랙 화면, FDSC 위키 슬랙 사용법에서 메시지에 스레드 남기는 법 안내 중   ©FDSC

FDSC에서 구성원과 관계, 콘텐츠는 모두 연결되어 있다. 이 조직의 물리적인 법칙은 조직의 구성원이 늘어나고 활동이 확장되면서 외연이 넓어질수록 FDSC 내부에 더 많은 페미니스트 디자이너 리스트가 축적되고, 다양한 프로젝트의 자료와 대화가 쌓이며, 매뉴얼과 원칙이 심화되어간다는 것이다. 슬랙에서 가장 오래된 채널 중 하나로 회원들이 궁금한 점을 묻고 답하는 'FDSC-지식인' 채널이 그 예다. 구성원들이 이 안에서 묻고 답하는 과정 자체가 FDSC의 콘텐츠이고, 회원들의 관계가 된다. 다양한 연차, 다양한 영역, 다양한 노동환경의 현업 여성 디자이너들이 주고받은 실용적인, 때로는 외부에서 편히 나누기 어려운 민감한 정보들이 축적되어 있다. 제작 업체에서의 불쾌한 경험이 1인 스튜디오거나 여성이어서 겪는 것은 아닌지 확인하는 대화 밑에 디자인 소프트웨어의 영문 모를 사소한 오류에 대한 수사 과정이 펼쳐지기도 하고, 아주 구체적인 추천 업체 정보가 오가기도 한다. 오래 활동한 회원들은 특정 질문에 답해줄 수 있는 회원을 태그해서 연결해주는데, 이렇게 축적된 '말'의 자료들은 FDSC 회원들에게 주어지는 가장 중요한 혜택이자, 스스로도 말을 보태 기여할 수 있는 공동의 자원이라고 할 수 있다. 지식인 채널뿐 아니라 자기소개 채널 역시 흘러가는 인삿말이 아니라 기록으로 축적될 때 그 자체로 여성 디자이너들을 가시화하는 리스트가 될 수 있다.

이에 FDSC 운영진은 2019년 여름 총회를 준비하면서 인당 책정되는 슬랙 이용료와 기타 운영비, 운영진 활동비를 충당하기 위해 월 3만 원의 회비를 책정하기로 결정했다. 무료 커뮤니티에서 유료 커뮤니티로 전환되면서 탈퇴 회원이 많이 나올 거라 예상하고, 가입률도 떨어질 줄 알았지만 다행히 기존 회원과 신규 회원을 합쳐 100명을 웃도는 수가 회원으로 가입했다. 한동안 보이지 않았던 메시지들은 유료로 전환하자 다시 고스란히 돌아왔다.

야너두 대장 할 수 있어

FDSC는 누구나 문턱 없이 말을 보탤 수 있도록, 더 나아가 관계를 만들고 프로젝트를 기획하며 말의 공간을 안팎으로 넓혀나갈 수 있도록 촉진하는 방향으로 발전해왔다. 이를 정확히 보여주는 사례가 FDSC 위키(이하 '위키')다. 위키는 2020년 운영위원에 합류한 김헵시바의 제안으로 만들어졌다. 위키를 보면 운영과 가입, 탈퇴 정책, FDSC에서 회원이 활용할 수 있는 자원뿐 아니라 FDSC에서 진행되는 활동의 층위와 참여 방법을 한눈에 이해할 수 있다. 'FDSC 각종 활용법 - FDSC 활동하기 A to Z' 리스트에는 모두가 기본적으로 숙지해야 하는 내용인 신규 회원을 위한 안내와 슬랙, 노션, ZOOM과 같이 커뮤니티가 활용하는 커뮤니케이션 툴의 기본적인 사용법 외에도 비교적 가벼운 활동인 소모임 개설과 참여부터 빅활동, 운영진 참여 방법까지 포함되어 있다. 빅활동은 '페스테' 'FDSC-See Saw'등 비정기적으로 진행되는 규모 있는 프로젝트들을 지칭한다. 모든 활동 안내 문서의 상단에는 누구나 자원하여 이런 활동을 맡아 진행할 수 있다는 공지가 있다.

팀의 활동 목표 정도를 간단하게 기술한 문서도 있지

만, 결과물이 명확한 프로젝트의 경우에는 일을 완전히 처음 해보는 사람도 기획부터 제작, 발행까지 가능하도록 상세한 업무 가이드를 제공하기도 한다. 마치 회사 인수인계 문서 같은 기능을 하고 있달까. 그래서 이 위키는 FDSC의 첫 번째 설명회 발표 자료의 문구를 떠올리게 한다.

> 앞선 세대의 희생에 감사하되, 우리는 이제 더 이상 누구도 희생시키지 않고, 새로운 구조를 만들어내야 한다고 생각합니다. 또 그건 활동가의 일입니다. 전문적인 영역입니다. 그래서 저 같은 사람이 하게 되면 '희생'이 되는 겁니다. 저는 활동가보다는 디자이너로 남고 싶습니다. 이런 자리를 만들었지만 결국 다시 월요일에 사무실에 가서 인디자인을 켜고 일을 하고 싶습니다. 그런 맥락에서 FDSC는 기획되었음을 기억해주십시오.
>
> 'ABC of FDSC', 신인아, 2018.7.15

FDSC는 처음부터 소수에게 조직의 책임과 역할을 위임하지 않을 것임을 명확히 했다. FDSC를 운영하는 일을 '전문적인 영역'까지 발전시키지 않고 누구나 함께할 수 있는 자리로 만들고자 했던 것이다. 위 인용에서는 이를 '희생'을 하지 않기 위한 것이라고 말하고 있다. 이 맥락은 FDSC의 공공적 측면과 더불어 그 공공성을 유지하는 기반이 어떠해야 하는지에 대한 지향까지 함께 담고 있다. 소수의 이해가 아니라 FDSC의 회원, 더 나아가 업계에서 일하는 불특정 다수에게 더 공정하고 안전한 환경을 구축하고자 만들어진 커뮤니티가 소수의 역량에만 기대 운영된다면 결국 그 소수를 희생시키는 것이라는 셈법이다. 조직 운영을 위해 소수의 전문성을 인정하고 응당한 인건비를 지급하는 것 역시 커뮤니티를 운영하는 한 가지 방법이지만, FDSC는 전문적인 운영진과 그 외를 구분하는 대신 '디자이너들'이라는 동등한 지위의 구성원들이 모인 커뮤니티라는 정체성을 유지하는 쪽을 택했다.

'비전문적인 영역'이라고 해도 FDSC에서 활동하는 일이 '쉬운 일'은 아니다. 그래서 FDSC의 일의 많은 부분은 일의 과정에서 얻은 경험과 지식들을 기록과 매뉴얼로 남겨두는 시간에 할애된다. 그래서 숙련되지 않은, 처음 참여하는 사람도 운영진으로 참여할 수 있을 만큼 상세하게 발전된 가이드라인이 생긴 것이다. FDSC 회원 개인 입장에서는 이런 시스템 덕분에 FDSC를 활용해 관계를 넓히거나, 사람들을 모으고, 프로젝트를 진행할 역량을 얻을 수 있게 된 셈이다. 즉, FDSC의 공공성은 '소수의 확실한 희생'이 아니라 '다수의 자율적인 역량'이 발휘될 가능성을 동력으로 삼아서 유지된다. 이는 저절로 되는 일은 아니어서 결국 FDSC를 위해 일하는 사람들은 많은 부분 이 자율성을 촉진하기 위한 일을 한다. 이에 대해서는 뒤에 운영진을 이야기하며 다뤄보고자 한다.

신입 회원A를 가정해보자면

만약 2022년 FDSC에 지인이 전혀 없는 A가 FDSC의 신입 회원이 된다면 어떨까? 그의 경험을 아주 기계적으로 상상해보자. A는 평소 FDSC의 SNS를 구독하고 있던 중 FDSC 오픈데이가 열린다는 소식을 보고 참여 신청서를 적어 제출할 것이고, 온라인 설명회에 참석해 FDSC가 생긴 이유, 원칙과 소모임 약속문, 기존 회원의 활동 사례 이야기를 들을 것이다. A는 페미니스트 커뮤니티의 윤리적인 원칙에 공감하고 회원들의 활동에 호기심을 느끼기에 6개월 가입비 18만 원을 지불하고 FDSC에 가입하여 슬랙 커뮤니티에 입장할 것이고, 자기소개를 올리며 다른 회원들의 면면도 살펴볼 수 있을 것이다. 슬랙에는 지난 모든 대화가 남아 있기 때문에, 키워드 검색으로 일하며 궁금한 점들을 찾아볼 수도 있게 되었다. 슬랙 활용법을 잘 모른다면 위키에서 채널 소개와 다양한 검색 방법과 개인화를 위한 기능들을 확인할 수 있을 텐데, 그래도 모르는 게 있다면 슬랙에서 검색해보거나 채널에 물어보는 것도 방법일 테고 두 차례 진행되는 신입 회원 온보딩 이벤트에 참석하여 궁금한 점을 해소할 수도 있을 것이다.

이제 A는 FDSC에서 지역 모임이나 취미 생활에 기반한 모임 활동부터 큰 프로젝트에 대한 참여나 FDSC 운영 지원까지 다양한 활동을 벌일 수 있는 도구와 인적 자원, 방법에 접근할 수 있다. A가 펼치는 새로운 활동은 FDSC의 온라인 인프라에 고스란히 남아 또 다른 누군가에게 영감을 줄 수도 있을 것이다. 그 과정에서 알게 된 이들은 A의 '업계에서 만난 페미니스트 친구'가 되어 서로 SNS로 안부를 주고받고 의지하는 사이가 될지도 모른다. 물론 슬랙 알림을 켜두지 않으면, 직접 위키를 샅샅이 살펴보지 않으면, 이 중 그 어느 것도 경험하지 않고 반년이 흘러버릴 수도 있겠지만 말이다.

루틴과 운영진 : 성장의 리듬과 활력을 유지하는 힘

수렴과 확장의 루틴

6개월에 한 번 열리는 총회와 오픈데이는 FDSC의 연대기적 기준이 되고 조직의 정체성을 유지하는 루틴이다. 총회는 회원들의 회비로 운영되는 비영리임의 단체인 FDSC가 사업 보고와 회계 보고를 진행하고, 회원들과 중요 정보(ex. 새로운 커뮤니티 가이드라인)를 나누는 행사로 가벼운 레크리에이션을 동반한다. 이렇게만 설명하면 매우 평범한 총회처럼 들리지만, 2장에서 공유했듯 유머와 웃음을 중요하게 생각하며 완성도 높은 시각적 콘셉트에 반영하는 문화는 총회에서도 예외는 아니다.

총회가 모두 함께 마침표를 찍고 다음 페이지를 펼치는 정리와 수렴의 시간이라면, 오픈데이는 새로운 구성원들을 받아들임으로써 조직에 새로운 분위기와 활력을 만들어내는 시간이다. 오픈데이는 꾸준히 20명에서 50명 내외의 행사로 운영하고 있는데, 이 모집 횟수와 기간은 별도의 상근 인력 없이, 회원들의 회비와 자발적인 활동만으로 운영되는 FDSC가 스스로 감당 가능한 성장의 리듬을 통제하는 방식으로 이해할 수 있다. 조직이 예기치 못하게 빠르게 커져버리면 변화가 지나친 혼란을 일으켜 조직의 지속 가능성을 오히려 해치거나 본래의 조직 정체성을 흐트러트릴 수도 있으니 새로운 구성원의 유입에 따른 변화를 예측 가능한 수준으로 유지하는 것은 합리적인 방법이다.

두 번의 큰 행사가 끝나고 나면 쭉 계속되어온 활동들이 이어진다. FDSC 회원들의 작업을 소개하는 '페디소' 프로젝트 섭외가 시작되고 운영진이 '졸업'해서 새로운 인력이 필요한 팀에서는 신규 운영진을 모집하는 공지를 올린다. 활동지원팀은 매월 수요 조사와 공지를 통해 회원들이 소모임을 쉽게 열도록 돕고, '달리킹' '운동-소모임'처럼 오래된 운동 모임들은 알아서 매월 모집 공지를 올리는 루틴이 완전히 자리 잡았다. "친구를 만나는 커뮤니티"의 일상을 만들어나가는 건 확실히 이런 루틴들이다. 지난해에는 매일매일 거의 하루도 빼먹지 않고 같은 메시지가 올라오는 채널도 생겼다. 운세, 심리테스트, 사주 등을 주제로 수다를 나누는 '도를아십니까' 채널인데 여기에는 누구든 "운세?"라고 메시지를 보내면 조언을 남겨주는 챗봇이 살고 있다. 온오프라인을 가리지 않고 내향적인 성격을 가진 사람도, FDSC에 들어오면 일단 현명한 챗봇 친구는 사귈 수 있다.

커뮤니티의 심장, 운영진

 곽은진(스튜디오멜란지) 19일 전
운세?

🖉 사용자 지정 응답

 Slackbot 19일 전
오늘은 당신이 손쉽게 해결할 수 없는 어려운 과제가 주어질 수 있는 날입니다. 여러 가닥으로 꼬여 있는 문제를 푸는 것이 쉽진 않겠지만, 지혜로운 당신이라면 문제를 풀어갈 수 있습니다.

 곽은진(스튜디오멜란지) 19일 전
용하구나ㅠ슬랙봇 ㅠㅠㅠㅠ

FDSC의 슬랙 채널들을 목적에 따라 분류해봤다. 총 48개의 슬랙 채널 중 회원들이 정보를 나누고 교류하기 위한 채널이 29개였다.[6] 여기에는 비거니즘을 주제로 한 '지구-지킴이-방', 인터넷 밈이나 재밌는 짤을 올리는 '짤-방', 반려동식물을 자랑하는 '반려-뫄뫄-방', 재테크 정보가 올라오는 '돈-방-석' 그리고 "오늘의 작은 성공 에피소드를 대단한 것으로 호명"[7]해보는 '오늘의-성공과-실패' 같은 '잡담방' 채널들과, 지역

6　　　2021년 8월 기준
7　　　오늘의-성공과-실패 채널 소개

별 번개 모임 채널, 운동 소모임 등이 있다. 그 외에는 FDSC에서 진행되는 프로젝트나 운영 활동을 위해 개설된 팀 채널이 15개였다.[8] 적지 않은 비중이다. 정보시스템 운영도, 규칙을 만들고 확산하는 일도, 조직의 루틴을 만드는 일도 다 사람이 하는 일이기 때문이다. FDSC의 운영진이 그 일을 하는 사람들이다. 이때는 15명[9]의 운영진이 활동하고 있었는데, 회원 수의 십분의 일에 약간 못 미치는, 많다면 많고 적다면 적은 수의 사람이 FDSC라는 커뮤니티의 기본적인 동력을 담당하고 있는 셈이다.

운영진은 구체적으로 무슨 일을 할까? 이들은 커뮤니티가 운영되려면 기본적으로 필요하고 누군가 상시 담당해야 하는 일(회원 관리, 회계, FDSC 공식 메일 및 홍보 채널 관리 등)과 오픈데이와 총회, 소모임 및 교류회 활동 지원같이 FDSC의 정기 활동을 추진한다. 그리고 회원들의 자발적 활동을 촉진하는 일과 꾸준히 커뮤니티를 모니터링하고 필요한 내용을 조직 문화에 반영하는 일을 한다. 비정기적으로 진행되는 큰 규모의 프로젝트의 담당자들도 운영진에 소속된다. 마지막으로 이 운영진 회의를 운영하고 관리하는 운영지원팀이 있다. 각 역할들의 담당자가 모두 다른 사람이면 좋겠지만, 중복해서 역할을 맡는 경우도 어쩔 수 없이 있다. 그래서 한 사람이 최대 3개 이상의 역할을 할 수 없도록 규칙으로 정해두었다.(더 자세한 규칙은 2장의 '끊임없이 생산하는 디자이너들'을 참고하라.)

---

8 이 외에 조직 운영에 필요한 공지 채널, 캘린더 연동 채널, ZOOM 예약 채널 등이 4개였다.

9 2021년 하반기 기준

'뭐가 정답인지 알 수 없지만 이대로 가만히 있을 수는 없다'는 마음은 페미니스트 커뮤니티 활동을 하는 중요한 동력 중 하나인데, 운영진들은 FDSC라는 페미니즘 실천의 현장을 스스로 만듦으로써 동료들과 함께 구체적인 문제들을 마주하고 있고, FDSC를 통한 정답을 계속 만들어나가고 있다. "법인으로 보는 비영리임의단체" 전환도 그런 문제 해결의 에피소드 중 하나다. 페스테(FDSC STAGE) 프로젝트의 성공으로 예기치 못하게 1,000만 원의 이윤을 벌어들인 FDSC는 수익사업 개시 신고를 하고 적법한 납세 절차를 밟고자 2020년 10월 비영리임의단체에서 "법인으로 보는 비영리임의단체"로 전환했다. 지난한 과정이었다. 담당 공무원들도 세무사들도 FDSC라는 조직을 명확히 이해하지 못했기 때문이다. 임의단체의 고유번호증으로는 계산서 발행 등에 한계가 있었는데, 그렇다고 비영리단체로 등록할 만큼 명확한 공익적 활동에 대한 합의가 FDSC 안에 있는 건 아니었고, 예상보다 규모 있는 수익이 발생했지만 영리를 목적으로 하는 기업은 더더욱 아니다 보니 조합도 회사도 맞지 않았다. 누군가 임의로 개인사업자를 내는 것은 더 말이 안 되던 중에, 몇 개월에 걸쳐 '법인은 아니지만 법인으로 보는 단체'라는 희한한 법인격(이 아닌 법인격)이 있다는 것을 알게 되었고 그렇게 "법인으로 보는 비영리임의단체"로 거듭나게 되었다. 이 에피소드는 업계 페미니스트 커뮤니티가 제도의 사각지대에 놓일 리스크를 갖고 있음을 보여준다. 그리고 FDSC가 만들어내고 있는 공공성이 기존 법 제도의 공익과 사익 구분에 정확히 맞아들어가지 않는다는 사실을 알려주기도 한다. 일단의 모순적이고 편의적인 법인의 위치에서 FDSC는 페미니스트 커뮤니티의 가장 정확한 법적 정체성이 무엇일지 고민을 이어갈 수 있다. 또 다른 필요로 인해 다음

단계의 답이 나오든, 현재의 상태에 머물든, 아무튼 그것은 타협하지 않고 스스로 만든 정답이다.

*오로지 FDSC의 운영에 오점을 남기지 않겠다는 사명감으로 수익 개시 신고만을 보고 달려온 지 어언 500만 년⋯ 이번 달 드디어 수익 개시 신고라는 허무한 꿈을 이루었다⋯ 수익 개시 신고를 하기 위해 넘어야 할 산이 너무 많았던 것을⋯ 지금은 웃으며 이 글을 쓰고 있지만 정말 경험해보지 않은 사람은 모를 고통스러운 나날이었다⋯ 우선 이전의 단체 고유번호증을 폐기하고 새로운 '법인으로 보는 단체'인 임의단체로 거듭나야 했다. 이 사실을 알게 되는 것에도 무려 450만 년이 걸렸던 것⋯ 어쨌든 결과적으로는 수익 개시 신고를 성공하였다. 그리고 나의 집념으로 130만 원을 아껴냈다. 모두가 알아줬으면 좋겠다. ^^*

운영진 월말 활동 보고,
FDSC 기획재정부 장관 양민영,
2020.10

활동지원팀

FDSC보다 크고 느슨한 조직인 IT업계 페미니스트 네트워크 테크페미에서 운영진으로 활동해온 문선과 옥지혜는 테크페미 경험에서 얻은 것을 묻자 대번에 "환대의 기술"을 꼽았다. "랜덤 사람(초면인 사람)과 라포(rapport: 관계, 친밀감) 형성하는 과정의 스킬을 터득하게 됐어요. 환대하는 방법? 그런 거? 이걸 어디가서 배워요. 다 여기서 배웠지." 커뮤니티 안에서 내가 "나대"도 되고, "대장 하고" "하다가 잘 안 되면 미안하다고 하면 된다는 것"을 배웠다는 이야기를 더하며 옥지혜는 "인간됨"을 배웠다고 말했다. 사람들을 만나게 하고 친밀해지도록 촉진하는 일은 연구 과정에서 만난 모든 커뮤니티 운영진들에게 중요한 이슈였다. 커뮤니티 구성원들의 첫 번째 욕구가 서로 이해할 수 있는 '친구'를 만나는 것이기에 당연한 결과인지도 모르겠다. 2021년 12월 FDSC 회원들을 대상으로 한 설문에서도 응답자의 절반 이상인 55%가 페미니스트 디자이너로 소속감을 느끼고 취미 및 소모임 활동을 통해 관계를 만들어나가는 것을 FDSC의 가장 중요한 역할로 꼽았다.

최예림(프리랜서) 오후 5:34
🎇 **이달소**(이달의 소모임 수요조사) 🎇

안녕하세요!!! 어느덧 4월이 코앞입니다......모두들 건강하게 봄맞이 중이시겠죠? 여러가지 소모임 활동으로 많은회원님들이 즐거운 시간을 보내고 더 친해질수 있도록.......수요조사가 돌아왔습니다......😄

먼저 3월에 있었던 소모임들을 살펴볼까요?

(매달 모집하는)운동 소모임 | 돕요가 소모임(또 열렸으면 좋겠다......)
프로크리에이트 썹어먹는 소모임(2회차 줄게요~~)
인하우스 디자이너 소모임 | 달리깅 소모임

외에도 손제본모임 과 인왕산 등산모임 이 예정되어 있습니다...와 너무 재밌겠다~~!!!

그리고 열리지 못한 아쉬운 소모임이 두개 있는데요!!!!
1️⃣ 인쇄실무 경험나누기 소모임
2️⃣ 뜨개 소모임
을 열어주실 모임장을 모집합니다!!!!! (모임장이 되는것 어렵지 않아요~~ 활동지원팀에게 문의주시면 안내해드릴게요~~~)

그럼 이제 여러분의 맘속에있는 그 모임을 댓글에 써주세요!!!!

무엇이든 디깅 모임 | 웹사이트 만들기 모임 | 프로크리에이트 쓰자!!!
그림 그리기 모임 | 생산성과 기록에 대하여... 모임 | 목표부수기 챌린지모임 외에도 누가 열어줬으면 좋겠는 모임 / 하고싶은데 귀찮은 모임 / 요즘관심있는 분야의 모임 등!! 댓글과 참여의사는 4월 6일까지 확인 후 활동지원팀이 모임을 추진합니다!!!

참여 가능한 모임이라면 👆이모지를 눌러주세요!!!!!!
@channel

👍16 😡12 🐌10 🔥6 💜5   4   4
👤4 🗑3 🐈3 ✏4 😊

FDSC 운영진에서 이를 담당하는 팀은 '활동지원팀'이다. 저절로 친구가 되지는 않는 사람들이 어느 정도 알아서 친구가 될 수 있도록 촉진하는 팀이다. 앞에서 기술한 루틴 대부분이 활동지원팀이 담당하는 일이다. '촉진'이란 단어를 사용한 이유는 이들이 활동을 지원하는 방식이 회원들을 이끌어가거나 역할을 맡기는 형태가 아니라 회원들이 누릴 수 있는 활동의 기회와 자리를 '부담스럽지 않게 적당히' 귀띔하는 고급 기술이기 때문이다. FDSC 소모임은 회원들이 원하는 소모임을 직접 여는 방식으로 진행되는데, 활동지원팀 공지를 보면 '괜찮아' '용기를 내' '어렵지 않아' 같은 메시지가 행간에 드러나는 수준이 아니라 글 전체에 반복된다. 처음 소모임에 참여하는 회원을 상정하고 이전에는 어떤 모임들이 열렸는지 설명하고, 모임장이 꼭 될 필요는 없으며, 모임을 열고 싶은 경우 지원해준다는 내용까지. 활동지원팀은 애쓰고 있다.

내 사랑, 내 운명 FDSC

김소미, 양민영, 우유니와 FDSC를 만들고 나서 FDSC를 주제로 인터뷰를 하면 빠지지 않고 나오는 질문이 "네 분은 어떻게 알게 되었어요?"다. 별로 할 말이 없는 질문인데 오히려 질문 덕에 자꾸 우리 만남은 우연이 아니었고 우리의 사랑이었다는 그런 특별함이 들곤 한다. 신인아, '디자인FM' 후기

FDSC는 명목적 대표가 없는 분산화된 조직이고, 동등한 권한과 책임을 지향하며 지속적으로 그런 시스템을 갖추는 방향으로 고도화되어왔다. 하지만 FDSC에도 관계와 교류의 밀도가 높고 정보가 모이는 중심부는 분명히 존재한다. 가장 오래된 소모임이자, 코로나 이후에도 꾸준히

오프라인에서 만나온 '운동해' 모임도 그렇지만 무엇보다 운영진 채널이 그런 공간이다. 한때 'fdsc는-내-사랑'이었던 운영진 채널은 'fdsc는-내-운명'이라는 이름으로 운영되고 있다.(왜일까. 이 이름이 조금 더 지독하게 느껴진다.) 운영진 채널은 FDSC 슬랙에서 가장 잦은 빈도로 메시지가 올라오는 곳이다. FDSC를 운영하는 일에 대한 대화가 주를 이루지만 동시에 오랫동안 FDSC에서 일해왔고 깊이 관여해온 멤버들이 있다 보니 편하게 일상적인 이야기도 나누는 분위기처럼 보인다. 특히 FDSC 창립 멤버들은 이 중에서도 코어 멤버라고 할 수 있다.

연구 참여자인 위예진은 연구에서 발견한 FDSC만의 유머와 웃음의 분위기에 대해서 어느 정도는 창립 멤버의 영향을 받은 부분인 것 같다고 이야기했는데, 처음부터 밝고 동적이었던 FDSC의 시각적 아이덴티티나 장난기 묻어 있는 FDSC의 초기 채널 소개들을 떠올려보면 납득이 가는 이야기다. 창립 멤버들은 커뮤니티에 기여해온 바도 많고 커뮤니티 내에서 많은 네트워크를 보유하고 있다. 하지만 커뮤니티 내에서 이들의 존재감이 큰 이유는 다른 것보다도 한 명의 회원으로서 가장 커뮤니티를 열심히 누리고 있기 때문이다. 커뮤니티를 직접 만들 만큼 이런 공간을 가장 필요로 한 당사자였던 이들은 오늘도 FDSC에서 질문과 농담과 일 사이를 자유자재로 오간다. 어떤 조직이든 '열정적인 리더십'은 조직이 초기에 생존하기 위한 핵심 조건이다. 혹시 자신의 적극성이 다른 회원들의 능동성이 발휘될 기회를 뺏는 건 아닌지 마음 졸이며 회원들에게 꾸준히 더 많은 자랑을 부추기고, 신입 회원도 운영진으로 참여할 수 있도록 활동의 문턱을 낮추는 일에 진심으로 임해온 FDSC 창립 멤버들 역시 그 조건을 충족시키고 있는 것 같다. 과연 이들은 희망하는 대로 일반 회원이 될 수 있을까…?

현재로 수렴해서
앞으로 나아가는 법

FDSC의 시간관념

"n년 뒤에 디자이너로서 어떤 계획을 하고 있나요?"
이곳저곳 면접을 봤을 때, 공통으로 받았던 질문
이다. 당시에는 임기응변으로 얼버무렸지만 솔직
히 아직도 뭐라고 말해야 할지 잘 모르겠다. 당장
10년, 20년 후에 '되고 싶은 모습'을 희망하기는
쉽지만 그 사이에 나에게 어떤 일들이 일어날지,
뭘 해야 할지, 정말 내가 될 수 있는 모습은 무엇
일지 도통 감이 잡히지 않았다. "끈질기게 일할 예비 이모,
고모들에게: 저는 잠깐
미래를 보고 왔습니다",
우나경, FDSC.txt

명시적이든 암묵적이든, 사적이든 공적이든 목표 없는
조직은 없다. 그리고 대체로 목표는 미래를 향한다. 기
업은 생존과 번영을 위해, 비영리단체는 변화를 위해
미래에 표지판을 세워둔다. 기업도 비영리단체도 아닌
FDSC는 시간을 조금 다르게 대한다. FDSC는 6개
월 단위로 사업 계획을 세우고 실행하지만, 미래의 어
떤 시점을 향한 분명한 목표를 갖고 있진 않다. 목적이
없다는 말로 들릴 수 있겠지만 그와는 다르다. FDSC
의 목적은 '오늘'에 고정되어 있다. 오늘 누구도 희생시
키지 않는 것이 FDSC의 전제라는 건 몇 번을 반복해
서 이야기해도 부족하지 않은데, 이 조직의 많은 디테
일이 그로부터 비롯하기 때문이다. 오늘 우리가 잘 모
여서 서로 즐겁고, 전보다 나은 지금을 누리는 게 중요
하다. 더 나은 내일은 오늘의 희생을 통해 오지 않는다.
오늘 희생을 멈춰야 내일의 희생도 없다.

연구 참여자인 김소미와 신인아는 이런 발견에 대해 듣고는 언론 인터뷰에서 곧잘 듣곤 하는 "5년 뒤 FDSC의 모습은 무엇인가?" 같은 질문이 달갑지 않다는 이야기를 꺼냈다. FDSC는 5년 뒤에 대해 미리 생각해두지 않는 조직이기에 변화에 열려 있고 다양한 활동을 발현시켜올 수 있었다. 하지만 한편으론 목적지가 명확하지 않으면 걸음을 멈춘 순간 다음 스텝은 어디로 내디뎌야 하는지 헤매게 되어버릴 수도 있고 그 모호하고 지지부진한 시간 동안 동기를 상실할 수도 있다. 이럴 때 FDSC가 앞으로 나아가는 방법은 회고와 성찰이다. 그러니까 FDSC의 미래와 지향을 알아내기 위해 적절한 질문은 5년 뒤보다는 아마 "이전과 비교해 현재의 FDSC가 달라진 점은 무엇이며, 이를 앞으로의 FDSC에는 어떻게 적용할 예정인가?"일 것이다.

페미니스트 커뮤니티에서 폭력이란?

2020년 4월에 만들어진 커뮤니티 문화팀(구 '폭력방지단')과 2021년 5월에 생긴 비전팀은 FDSC를 더 안전한 공간으로 만들고 더 나은 커뮤니티가 될 수 있도록 방향을 모색하고자 만들어진 팀이다. 이 두 팀의 명확한 역할은 아직 FDSC 안에서 충분히 논의되지 않은 것 같다. 확실한 건 '커뮤니티' 자체를 점검하는 것만을 목적으로 하는 팀을 따로 만든 것은 조직적 성찰에 굉장히 적극적으로 자원을 배치하는 결정이라는 점이다. '오늘'을 목적으로 하는 FDSC에게 있어서 '비전'이란 무엇인지를 정의하는 것 자체가 비전팀의 중요한 첫 번째 과제가 될 수 있겠다는 생각도 든다. 상대적으로 커뮤니티 문화팀의 목표는 좀 더 뚜렷하다. 초기 이름이었던 '폭력방지단'에서 짐작할 수 있듯이 커뮤니티에서 발생할 수 있는 갈등이나 폭력을 예방하고, 이에 대처하는 장치를 만들기 위해 만들어졌다.

커뮤니티 문화팀이 제일 먼저 한 일은 타 조직의 성 평등 장치 레퍼런스들을 함께 학습하는 것이었다. 팀원들 중엔 이전에 관련 프로젝트의 디자인을 맡았거나, 회사에서 직접 가이드라인을 만들었던 경험이 있는 멤버도 있어서 완전히 맨땅에서 시작하는 건 아니었다. 이 작업은 거의 1년에 걸쳐 진행되었는데, 최종적으로는 폭력 방지를 위한 문서를 만들어 여성단체와 타 커뮤니티의 관련 활동팀에게 검토를 받은 뒤 최종본을 FDSC 위키에 '커뮤니티 가이드라인 v.1.0.'으로 공개하는 것으로 일단락되었다. 나는 이전에 BIYN에서 성평등 약속문 만들기 작업에 참여했던 경험 덕분에 이 당시 FDSC 폭력 방지 가이드라인의 검토와 발표 과정에 자문으로 함께했었는데, FDSC가 진행한 과정이 BIYN에서 실행한 사례와 유사하면서도 다른 폭과 깊이를 가지고 있어 좋은 후속 레퍼런스가 생긴 것이 기뻤던 기억이 난다.

> *FDSC 커뮤니티 가이드라인은 사람이 모인 곳에서 갈등은 일어날 수 있음을 인정하고, 갈등이 폭력으로 이어지지 않는 혹은 갈등과 폭력을 건강하고 생산적으로 다룰 수 있는 성숙한 커뮤니티 문화를 만들어가기 위해 작성되었습니다.*
>
> FDSC 커뮤니티 가이드라인 v.1.0.

초기에 폭력 방지로 출발했던 가이드라인은 커뮤니티 안에 존재하는 갈등을 인정하고, 일반적인 성 평등 약속문 및 성폭력 대응 장치와 달리 업계 페미니스트들이 모여 있는 조직에서 생길 수 있는 긴장감과 차별에 초점을 맞춘 내용으로 발전되었다. '폭력'의 종류를

'배제' '차별' '폭력'으로 분화했고 업계인들의 모임인 만큼 젠더보다도 연차, 나이, 사회적 신분과 같은 차이에서 만들어질 수 있는 위력을 강조했다.

> 2. 연차, 나이, 사회적 신분에 의한 위력 행사. 아래와 같은 행위는 다양한 위치성을 가진 회원들이 FDSC 내에서 불필요한 위계를 만들거나 분위기를 경직시킬 수 있습니다.

> • 연차, 나이, 사회적 신분이 높다고 여겨지는 사람이 그렇지 않은 사람에게 무언가를 강요하거나 거절하기 힘든 분위기를 조성하는 것.
> • 학연, 지연, 혈연 등을 과시하며 누군가의 커리어를 위협하거나 위화감을 조성하는 것.
> • 상대와 합의하지 않고 일방적으로 반말을 사용하는 것.
> • 본인의 지식을 과시하기 위해 다른 사람을 망신 주는 것. ^{같은 문서}

거울을 보는 커뮤니티

그리고 커뮤니티의 맥락에 맞는 폭력 방지 장치를 알아나가는 과정에서 이 활동의 결과물인 커뮤니티 가이드라인 못지않게 중요한 도구가 만들어졌는데, 바로 회원들이 FDSC를 어떻게 경험하는지 알아보기 위한 활동 돌아보기 워크숍이다. 이 워크숍은 가이드라인을 위한 단서를 얻는 데에도 큰 도움이 되었지만, 바쁘게 일해온 운영진들이 잠시 물러서서 활동을 회고하는 기회도 되었고 무엇보다 FDSC라는 커뮤니티의 현안이 '폭력 방지'보다는 지속 가능한 활동이 가능한 환경이라는 것도 알려주었다. 막연하게 짐작해온 회원들 간의 경험 차이를 확인할 수 있었던 덕분이다. 운영진과 신입 회원의 몰입도는 다를 수밖에 없고, FDSC에 대한 기대도 다를 수밖에 없다. 연차나 거주 지역, 속한 업계 등에 따라 FDSC의 무게와 효용은 모두 다르게 다가온다. 그러니 각자가 커뮤니티 안팎에서 자신의 '위치성'을 이해하고 있어야 서로의 굴절된 렌즈와 상이한 시야를 이해하고 대화를 나눌 수 있다.

> 커뮤니티 가이드라인을 준비한 1년여의 시간은 폭력이 무엇인지, 폭력은 어떻게 문화와 엮여 있는지 깨닫는 배움의 시간이었습니다. 우리는 이 과정에서 첫째로 '폭력방지단'의 이름이 폭력을 희화화할 여지가 있다는 점을 반성하게 되었고, 둘째로 커뮤니티의 문화를 만드는 일은 몇몇 회원의 주도가 아니라 커뮤니티의 일원 모두의 참여가 필요하다는 점을 배울 수 있었습니다. 이에 팀의 이름을 '폭력방지단'에서 '커뮤니티 문화팀'으로 교체하였고 '폭력 방지 가이드'로 준비하였던 본 문서 역시 '커뮤니티 가이드라인'으로 교체하였습니다. 우리는 이 성장 과정에 자부심을 느낍니다. 이 시간은 '모두가 마음 놓고 참여할 수 있는' 커뮤니티 문화를 만들어가기 위해서는 몇몇의 주도가 아닌 '구성원 모두가 함께 고민하고 공부해야 한다'는 *(어찌 보면 당연한)* 사실을 확인한 시간이기도 했습니다. ^{같은 문서}

인용에서도 보이듯 커뮤니티 문화팀 활동으로 인해 FDSC 운영진들은 앞으로의 커뮤니티에 대한 새로운 과제를 찾았고, 늘 그렇듯 모든 회원을 이 문제를 함께 풀어나가야 할 주체로 초대하고 있다.

따라서 FDSC 커뮤니티 가이드라인은 일원 모두가 숙지하고 실천할 최소한의 약속이자 미완의 리스트입니다. 이 점을 기억하여 읽어주세요. 앞으로 함께 고민하고 성장하며 FDSC 커뮤니티 문화를 만들어갑시다! 같은 문서

가이드라인 설치로 마무리된 1기 활동 이후 커뮤니티 문화팀은 새로운 멤버로 2기 활동을 시작했다. 앞으로도 연 6개월의 활동 기간을 두고 워크숍 등의 도구를 통해 꾸준히 거울을 들여다보며 커뮤니티의 변화를 스스로 파악하고 문제점과 개선 방향을 찾아나가는 방식으로 작동할 예정이다. 앞 절에서 기술한 활동의 루틴뿐 아니라 성찰과 개선의 루틴이 FDSC에 더해진 셈이다. 여전히 5년 후의 모습을 예측할 수는 없지만 적극적으로 조직의 변화를 꾀하면서 미래를 만들어나가는 방식이다. 하지만 페미니스트 친구를 사귀는 일은 언제나 이렇게 복잡한 맥락을 공유해야만 하는 일인 걸까? 꼭 그런 것은 아니다. '어떻게'를 설명하다 보니 꽤 복잡한 기술이 되었지만, 사실 아주 단순한 원칙 하나에서 비롯되었다. n년 뒤에 어떤 디자이너가 될지 막연한 디자이너들에게도 미래는 열려 있고, 그 열린 미래에는 모두의 자리가 있다는 것이다.

우리 모임이 점점 커나가며 어떤 방향으로 단체의 성격을 규정지을지 좀 더 고민이 필요하긴 합니다만, 아직 어떤 형태로 발전되어나갈지 알 수 없기에 이 부분은 천천히 회원분들과 함께 협의해나가고자 합니다. FDSC 제1회 설명회 'ABC of FDSC' 발표 자료 중

우리 안에서
나다움을
알아가기

4

변화

기울기를
바꾸기

차별은 환경에 적응한다

여성에 대한 차별은 업계가 어떤 환경인지에 구애받지 않고 끈질기게 재생산된다. 현장에서 고성과 막말이 오가는 게 낯설지 않을 만큼 군대 문화가 자리 잡은 영상업계는 일이 고되고 노동 강도가 높아 임신과 출산 이후 여성이 일을 병행하기가 어렵다. 어느 정도 경력이 쌓이고 직급이 오른 여성도 예외가 아니다. 작가로 인정받고 자리 잡기까지 오랜 시간 버티는 게 중요한 예술계에서도 육아와 작업을 병행하려면 가족의 뒷받침이 절대적으로 필요한데, 그런 경우가 많지 않기 때문에 젊은 여성 예술가에 대한 '투자'가 기피되는 경향이 있다고 했다. 오래 활동하고 유명해져야 작품 값이 오르기 때문이다. 실무는 여성이, 리더는 남성이. 대우가 좋은 기술직은 남성이, 꾸밈과 돌봄과 소통은 여성이. 차별은 성별에 따라 기회를 양분하거나, 여성에게 불리하게 기회를 왜곡하는 방식으로 업계를 막론하고 자리 잡는다.

"감독님이 여성분이시네요?" 여성 영상인 네트워크 프프프(fff, feminist film makers foerever)에서 활동하는 이해강과 서현빈은 '지금도' 이런 말을 하는 사람들을 적지 않게 마주친다고 했다. "이름이 중성적이어서 당연히 남자겠거니 생각하는 경우가 많더라고요." 영상업계 종사자는 기본적으로 남성이 많다. 제작 현장에 가면 소위 기술팀이라고 하는 사운드팀, 촬영팀, 조명팀은 거의 남성이다. 구직 글에도 이런 종류의 일은 남성만 뽑는다고 공지해놓은 경우가 부지기수다.

장비를 다루기에는 '힘이 센' 남성들이 적절하다는 이유에서다. 반면 미술, 의상, 헤어 메이크업은 거의 여성들이 담당하고 있는데, 이들은 기술팀에 비해 현장에서 낮은 대우를 받는 경향이 있다. 광고, 영화, 방송, 유튜브 등 영상 제작 업계 내에서도 활동하는 필드에 따라 이런 분위기에 차이는 있고 비교적 최근에 형성된 유튜브 쪽은 이런 편견에서 자유로운 편이지만 업계 자체가 남성 비중이 높다보니 여성으로서 의사 결정권을 가지고 있어도, 경력이 쌓여도 협업 과정에서 패싱되고 배제되는 경험이 잦다. 이게 혼자만의 경험이 아니라는 건 프프프에 들어와서야 알았다. 일터에서는 이런 이야기를 솔직하게 꺼내기 어렵다.

그런데 업계에 여성이 많으면 많은 대로 또 다른 종류의 차별의 구조가 만들어진다. 디자이너는 교육과정에서부터 여성의 비중이 절대적으로 많은 직군이지만 연차가 높고, 직급이 높고, 대우가 좋은 영역만 잘라보면 성별 비중이 역전되면서 대부분 남성 디자이너로 채워진다.[10] 여성 시각 예술인 네트워크 루이즈 더 우먼의 회원이자 해외에서 작가로 활동 중인 양하는 미술 입시 단계에서부터 교사들이 공공연하게 "넌 남자니까 성적 좀 안 나와도 된다"고 말하곤 했다는 기억을 끄집어냈다. 남성 종사자가 많은 영상업계나 IT업계에서 여성이 배제되고 비가시화되는 것과 달리, 여성이 많은 시각 예술 및 디자인 업계에서는 남성이 상대적으로 적기 때문에 여성보다 덜 경쟁해도 된다는 것이다. "공대에 여자가 적다고 회사에서 일부러 여자

10 신인아, "진짜 실력이 중요한 세상을 위해: 2019 그래픽 디자인계 임원 성비 설문조사", 『월간디자인』, 2019년 5월호

를 더 많이 뽑지는 않을 거 아니에요?" 루이즈 더 우먼의 대표인 오연진은 물었다. "그런데 미술 전공자들은 여성이 훨씬 많은데 뭔가 선정하는 단계에서 공정을 이유로 성비를 5:5로 맞춰요. 그런 걸 심사하는 사람도 남성이 많고요." '예술인'은 직업적 정체성을 확실하게 인정받기 모호한 직업이다. 그래서 커리어 초반에 확실히 '예술가'로서의 경력으로 인정받을 수 있는 전시 기회를 얻거나, 공공기금에 선정되는 경험이 결정적이다. 기회에 목마른 것은 모두가 마찬가지이기에 막 학부를 졸업한 젊은 여성 예술인들이 이런 환경에서 느끼는 좌절감은 적지 않다.

역량 강화 활동

내가 한 고민을 다른 사람도 하고 있다는 데 대해 위안과 연대감을 느꼈던 것 같아요. 여성 영상인이 업계에서 받는 차별도 그렇지만, 저는 회사 나와서 프리랜서 하던 시기에 들어갔어서, 다른 프리랜서분들과 만나서 이야기하니까 혼자 일하며 외롭고 그런 사소한 것까지도 비슷한 거예요. 그런 게 친구한테 말한다고 공유되는 것도 아니고, 나가서 이야기할 시간적 여유가 없었어서 여기서 위안을 많이 받았어요. 서현빈, 프프프 회원

나 혼자만의 부정적 감정인 줄 알았던 것이 같은 처지의 사람들과 모인 자리에서 타인의 경험으로도 공유되며 긍정될 때 얻는 공감과 위안은 해방적이다. 막연히 침묵해왔던 것에 대해 자유롭게 말하는 건 "얼마나 재밌나". 강조한 부분은 옥지혜가 테크페미를 막 만들고 생전 처음 만나는 사람들과 함께 각자가 비슷하게 겪은 '빻은' 경험들을 나눴을 때를 회고하며 사용한 표

현이다. 일 년간 그런 이야기를 하는 자리를 새로운 사람들이 들어올 때마다 계속 만들었더니 나중에는 지치더라는 맥락에서 나온 이야기였지만, 말할 수 없었던 불리함과 좌절감에 대해 충분히 공감을 나누는 경험은 불리함을 뜯어고치는 다음 스텝으로 나아가기 위해 꼭 필요한 과정인지도 모른다. 이처럼 페미니스트 커뮤니티가 필요한 사회에서 안전한 대나무숲에 대한 수요는 꾸준히 있기에 FDSC는 비슷한 처지의 구성원들이 모이는 '동병상련' 소모임을 만들었고, 프프프는 경험과 고민을 나누기 위한 '토로회'를 운영한다.

공부와 학습도 페미니스트 커뮤니티의 주요 활동 중 하나다. FDSC에 대한 외부의 오해 중에는 "학교나 학원, 교육 서비스 사업"도 있었다. 하지만 교육 서비스를 만들고자 했던 게 아니다. 업계 여성들이 '노력' 하는 건 전혀 어려운 일이 아니라는 듯 계속해서 배움의 기회를 만들고 추구해왔을 뿐이고, 여성을 위한 커뮤니티다 보니 그런 수요를 채우는 활동들이 자발적으로 만들어져왔을 뿐이다. 해서, FDSC와 프프프, 루이즈 더 우먼에는 여성들의 상호 배움을 도모하는 다양한 프로그램이 존재하는데, 공통적으로 '포트폴리오 리뷰'가 있다. 작업자들에게는 프로젝트 단위로 경험을 쌓아나가며 자신의 커리어적 맥락을 만들어나가는 게 중요한 경쟁력이고, 이를 평가하는 기준이 표준화되어 있지 않기 때문에 선배 작업자들과의 대화는 큰 도움이 된다. 루이즈 더 우먼과 프프프는 업계 여성 선배들을 초청하여 멤버들의 포트폴리오 리뷰를 진행하고, FDSC는 반대로 현업 종사자인 회원들이 디자이너 지망생을 만나 포트폴리오 리뷰를 해주는 시간을 가진다. 서로를 돕는 과정 자체가 서로의 말에 대한 인정이 되고 이는 발화 권력을 키워주는 일이기 때문에 리뷰를 하는 쪽에게도, 받는 쪽에게도 도움이 된다. 선후배의 만남뿐 아니라 멤버의 활동을 소개하는 콘텐츠를 만들거나 작업을 매개로 동료를 만날 수 있는 교류 프로그램을 운영하여 피어(peer) 간 학습을 촉진하는 것도 페미니스트 커뮤니티들에서 활발하게 일어나는 활동이다. FDSC 소모임 방에서 항상 가장 빨리 마감되는 소모임들은 회원이 공유하는 '디자인 툴' 강의다. 리플에는 앵콜 요청이 쇄도한다.

테크페미는 운영진이 책임지고 프로그램을 기획하여 운영하는 커뮤니티가 아니고 슬랙에 500명 가까운 다수의 구성원이 모여 자유롭게 교류하는 온라인 커뮤니티에 가깝기 때문에 조금 다른 맥락의 이야기를 들을 수 있다. 옥지혜는 가끔 테크페미에서 사람들이 정말로 도움을 받고 있는지 의심스러울 때도 있지만 커리어적으로 도움을 받았다는 경험을 종종 듣는다고 이야기했다. 가장 최근에 들은 에피소드는 테크페미에서 만난 분의 도움을 받아 전직에 성공했다는 이야기였는데, 이런 개인들 간의 교류와 도움을 운영진이 알 수는 없기 때문에 들을 때마다 신기하고 뿌듯하다. 만들어진 지 만 6년이 지나다 보니 학생 때 테크페미의 존재를 알고만 있다가 취업 후 가입했다는 경우도 있고 테크페미 슬랙 안에서 보이는 교류는 아니지만 테크페미를 통해 만나 친한 동네 친구가 되기도 한다.

발화 공간 만들기

페미니스트 커뮤니티들이 초기에 존재감을 알리고 결집하는 계기가 되는 핵심적인 욕구 중 하나는 여성의 이야기를 듣고 싶다는 욕구다. '여성 영상인 포럼 WFF'(프프프), 여성 그래픽 디자이너를 위한 무대,

'페스테'(FDSC), 팟캐스트 '디자인FM'(FDSC)과 '여기듣보(여자 얘기만 듣고 보고 싶어)'(루이즈 더 우먼), 여성 디자이너들의 글을 발행하는 'fdsc.txt'(FDSC) 등, 업계 페미니스트 커뮤니티가 만들어지면 여성들의 이야기가 쏟아지기 시작한다. 커뮤니티 초반부터 이런 활동이 가능한 배경에는 업계 커뮤니티의 특성상 문서 작업이나 펀딩 페이지 작성 등의 업무가 어렵지 않은 이들이 구성원이라는 점도 있다.

이 중 선행 사례라고 할 수 있는 '여성 기획자 컨퍼런스'(이하 '여기컨')는 테크페미가 만들어진 뒤 업계 내에서의 불리한 경험만 반복해서 토로하는 데 지친 구성원들이 다른 활동을 모색하며 실행했던 행사다. 이 행사를 주도한 옥지혜는 프로덕트 매니저로 일하고 있었는데, 당시 본인에게 기획자라는 직군이 필요 없다고 말한 개발자가 있었고 실제로 그게 업계 분위기이기도 해서 그게 아니란 걸 보여주자는 마음으로 여기컨을 기획했었노라고 이야기했다. 1회 여기컨은 목표했

제1회 여성 기획자 컨퍼런스 굿즈 소개 이미지   ©여성기획자컨퍼런스

던 것보다 많은 관심과 피드백을 얻으며 성황리에 끝났고, 2회 여기컨과 '여성 개발자 컨퍼런스'(여개컨)로 이어졌다. 당시 만들어진 굿즈를 보면 기획자들의 애환이 느껴진다.

'일은 여자가 하는데 마이크는 남자만 잡는다'는 관행에 대한 문제의식이 높고, 실제로 공개 행사의 연사는 남성으로만 채워지는 일이 부지기수였기 때문에 여성의 무대를 만드는 프로젝트들은 업계 여성의 이야기에 목마른 이들에게 페미니스트 커뮤니티를 알리는 데 도움이 됐다. 청중의 호응도 높고 연사들에게도 높은 효능감을 주었지만 무엇보다도 기획하고 준비한 페미니스트 커뮤니티들이 초기에 성장하는 계기가 되었다. (다만 이 프로젝트들은 커뮤니티 내 과로의 주범이기도 했다.) 이 정도 프로젝트는 어느 정도 규모 있는 예산이 필요하기 때문에 외부 자원을 동원하기 위해 적극적으로 홍보에 임하고 공공기금이나 스폰서십을 따게 되었다. what reallymatters(마포디자인출판지원센터)와의 파트너십, 여성가족부의 청년성평등문화 지원 사업, 서울문화재단의 공모사업이 대표적이다. 공공의 지원을 받은 프로젝트들은 커뮤니티 내부뿐 아니라 업계 여성 전반을 타깃으로 진행되었다. 덕분에 커뮤니티에 대한 호감과 활동하고 싶은 의욕을 품은 회원이 다수 유입되기도 했다.

운동장의 기울기는 바뀌고 있을까? 일단 지금 확인할 수 있는 건 운동장에 진입해서 현업에서 일하기를 꿈꾸는 지망생들에게는 이런 커뮤니티가 존재하고 언젠가 자신도 소속될 수 있다는 게 희망적으로 비춰진다는 점이다. 루이즈 더 우먼의 양하는 또래의 20대 여성 작가들이 루이즈 더 우먼에 지원하고 싶어하는 경우가 많다고 말했다. 이유는 단순하다. 지원도 잘 받고 전시 기회에도 연결될 수 있기 때문이다. FDSC 역시 학생들 사이에서 가입하고 싶은 커뮤니티가 되었다. 아직 현업에 진입하지 않은, '뒤에 올 여성들'에게는 이 커뮤니티들이 지금까지 이뤄낸 것만도 큰 의미가 있다. 프로젝트 담당자들 역시 여성 연사를 발굴하는 과정에서 그동안 보이지 않는다고 생각했던 여성 선배들을 만나고, 직접 이야기를 들으며 기울어진 운동장이라는 현실이 꼭 미래를 결정짓지는 않는다는 것을 알게 되었다. 2020년 4월 세계 여성의 날을 기념하는 우멘토(WOMENTOR) 행사의 한국 프로그램으로 FDSC가 진행했던 '디자인 이모고모: 시니어 디자이너, 우리 계속 일할 수 있을까요?' 웨비나 행사 후 이현송이 fdsc.txt에 발행한 글 "지속 가능한 현재를 만들어 나아가기"는 미래의 기울기를 바꾸는 오늘의 태도를 공유하고 있다. 그것은 서로를 찾아내고 이야기를 듣고, 더 많이 연결되는 것이다.

> 2010년대 초, 내가 다녔던 학교의 디자인 학부 교수진은 대부분 남성이었고 학생들의 대부분은 여성이었지만 학과 대표나 조교 등의 역할은 주로 남성에게 주어졌다. (…) 그동안 '왜인지 모르게' 여성 디자이너의 미래를 상상하기 어렵게 만들었던 가장 큰 요인 중 하나는, 그동안 우리가 접했던 디자인사에 기록되고 구전된 이야기들이 한 세계의 어느 절반만을 비추었기 때문이다. (…) 이제는 그 많던 여성 디자이너들이 왜 사라졌냐는 말 대신 더 많이 만나고, 더 많이 그들의 이야기를 듣고 기록해서 그들의 미래를 우리의 현재로 만들 시간이다. "지속 가능한 현재를 만들어 나아가기", 이현송, fdsc.txt

그리고 많은 여성이 마이크를 잡자 이전에는 없었던 새로운 이야기들이 등장했다.

새로운
이야기

비슷한 처지를 공유하는 사람들이 모여 있으면 상반되는 두 가지 좋은 점을 누릴 수 있다. 하나는 서로의 처지에서 겪은 공통의 경험이나 감정에 대해 편하게 표현하고 공감을 나눌 수 있다는 것이다. 그리고 다른 하나는 비로소 그 처지와 상관없이 자유롭게 이야기를 나눌 수 있다는 것이다. 예컨대 여성 영상인 네트워크 프프프에서는 멤버들이 "감독님이 여자시네요?"라는 질문을 지나쳐서 바로 작품에 대한 대화에 진입할 수 있다. 여성 디자이너가 '여성 디자이너'라는 정체성으로부터 자유로워질 수 있다는 것이야말로 '여성 디자이너 모임'의 중요한 효용이다.

여기가 새로운 이야기가 만들어지는 출발선이다. FDSC 슬랙에 올라온 자기소개들을 살펴보다 보면 (당연하지만) 디자이너가 다 같은 디자이너가 아니란 걸 알게 된다. UI/UX 디자이너, 에이전시에서 일하는 디자이너, 브랜드 디자이너… 그 안에서도 활용하는 툴과 일하고 있는 조직의 규모와 성격 등에 따라 디자이너로서의 삶도 천차만별이다. 같은 디자이너라도 클라이언트 용역을 수행하는 것과 개발자와 팀을 이루어 일하는 것은 전혀 다른 협업 기술을 요구한다. 또 한편으로는 디자인과 직접적으로 연결되어 있지 않은 별의별 경험들을 다 만날 수 있는데, 커리어나 전공을 바꾼 이야기, 대학에 진학하지 않고 고등학교를 졸업 후 바로 일을 시작한 경험, 창업에 도전했다가 실패한 이야기나 양육자로서 육아를 병행하는 이야기 등등. 여성 디자이너의 정체성이 이들을 모이게 했지만 일단 모인 다음에는 그 이상의 이야기들이 풍성하게 드러나는 것이다.

fdsc.txt / 디자인: FDSC.txt 팀

©전소영

FDSC.txt는 FDSC 글쓰기 모임인 집필실에서 나온 글들을 편집국에서 발행하는 프로젝트로 동명의 블로그를 운영하며 책을 제작해 판매하기도 했다. 한번은 '생산'이라는 주제로, 그다음에는 '멈춤'이라는 주제로 두 번의 연재가 진행되었는데, FDSC에서 만들어진 콘텐츠들 중에 가장 다채로운 소재를 다루는 프로젝트인 것 같다. 이 프로젝트에서 FDSC 멤버들은 넷플릭스 오프닝 타이틀의 타이포그래피를 유심하게 뜯어보기도 하고[11] FDSC.txt 책을 제작하면서 FDSC.txt 로고를 활용한 서체를 개발하기도 하는 등 디자이너들이 모여 있기 때문에 일어날 법한 장면들을 보여준다. 또 한편으로는 요리, 운동, 반려식물 등 일상의 한 부분을 가볍게 나누기도 한다.

---

11 "내 맘대로 넷플릭스 디자인 어워드", FDSC.txt, 2020.5.21 수정, 2021.12.15 접속, https://bit.ly/netflixaward

정은지는 쉼과 멈춤을 주제로 한 글에서 요리에 대해 이야기하는데, 자신의 욕구와 상태를 돌아보고 그에 맞는 재료를 주문해서 다듬고, 요리해서 스스로에게 또 주변에 대접하는 과정을 쭉 돌아보면서 요리를 통해 몸과 마음을 재정렬하는 과정을 나눈다.

mise en place, 단어 그대로를 해석하면 '모든 것이 항상 제자리에 있는 것'. 미즈 앙 플라스라고 부르는 이 단어는 프랑스어로 요리에 필요한 모든 재료를 바로 사용할 수 있도록 준비해두는 일을 뜻한다. 요리하던 때의 나는 재료를 꺼내고 다듬고 소분하고 정리하는, 요리사들이 주방에서 편하게 줄여 '미장'이라고 부르는 요리의 준비 과정을 제일 좋아했다. 디자인하는 지금도 비슷하다. 함께 일하는 동료들이 디자인을 편하게 요청할 수 있도록 디자인 요청 템플릿을 만드는 일이라든지, 클라이언트와 프로젝트를 어떻게 해석하는 게 더 좋을지 의견을 나누는 일을 디자인의 과정 중 가장 좋아하고 밀도 있게 신경 쓴다. 쉬는 일에도 mise en place가 필요하다. 쉬기 위해 나를 현재에 위치시키는 일. 한때 나의 업이었던 요리가 지금은 나의 쉼을 준비하는 가장 좋은 방법이 되어주고 있다. "mise en place: 모든 것이 항상 제자리에 있는 것", 정은지, FDSC.txt

이 글의 첫 문단을 읽으며 FDSC.txt의 다른 글 "정체성의 용해"(김나영)가 떠올랐다. 전혀 다른 주제를 이야기하는 글이지만, 아마 요리를 업으로 삼았던 때의 경험과 지금 하고 있는 디자이너로서의 일 그리고 그냥 자기 자신을 돌보는 일을 자연스럽게 함께 이야기하면서 만들어지는 이야기의 고유함 때문인 것 같다.

울프에게 길 잃기는 지리의 문제라기보다는 정체성의 문제, 열렬한 욕망의 문제, 심지어 다급한 필요의 문제였다. 아무도 되지 않는 동시에 아무나 될 수 있어야 한다는 필요성, 내가 생각하는 나와 남들이 생각하는 나를 상기시키는 일상의 족쇄를 떨치고 싶다는 필요성의 문제였다. 이런 정체성의 용해는 낯선 장소나 외딴 은거지를 찾는 여행자가 빈번히 겪는 일이지만 (⋯)

『길 잃기 안내서』 리베카 솔닛 저, 김명남 역, 반비, 2018

"정체성의 용해"라는 표현은 리베카 솔닛의 책『길 잃기 안내서』에 딱 한 번 등장한다. 디자이너이자 전시 기획자, 편집자이고 엄마이기도 한 김나영은 이 문구를 FDSC.txt에 기고한 글의 제목으로 삼았다. 이 글은 그의 지난 경험과 정체성들을 되돌아보는 글이다. 정신없이 야근하며 에이전시 디자이너로 일했던 6년과 디자이너로서의 열망은 포기하고 육아에 전념하며 이름 없고 부재한 디자이너로서 살던 시간을 지나, 생후 27개월의 아이와 함께했던 무모한 남프랑스 여행에서 길을 잃었을 때 아이가 외치던 "할 수 있다!"는 말에 힘입어 다시 디자인 스튜디오로 복귀한 과정까지.

그간 내 경험에 의하면 상대는—특히 까다로운 클라이언트도—대개 요구하는 바가 명확했고, 그에 대해 빠르게 파악하고 정확히 대처해주면 웬만해서는 상황이 매끄럽게 해결되었다. 하지만 육아는 달랐다. 말 못 하는 아이는 내가 신경을 쓰면 쓸수록, 요구에 빠르고 정확하게 대처했다고 생각했을 때, 보란 듯이 더 크게 울어 젖혔다.

"정체성의 용해", 김나영, FDSC.txt

까다로운 클라이언트를 상대로도 일 잘하는 디자이너였던 엄마는 말을 할 줄 모르는 클라이언트, 즉 아이를 상대로는 자신의 일 처리가 통하지 않는 경험을 하면서 무능감을 느끼기도 하지만, 다시 디자인 스튜디오에서 일하기 시작한 후 어린이 대상의 전시 프로젝트를 맡아 진행할 때 역사적인 건축가들이나 건축 기법들을 아이에게 어떻게 전달하면 좋을지 쉽게 상상하고 구현해내기도 한다.

> '아이들에게 건축을 어떻게 설명하지?'로 시작한 질문이 '엄마, 필로티가 뭐야?' '어떻게 저런 모양으로 집을 만들었어?' '아치가 뭔데?' 등 아이가 내게 했을 법한 질문으로 바꿔 생각하니 공간에 대한 기획과 설계 방향이 빠르게 정리되었다. (…) 아이는 구구절절한 설명을 통해 건축을 이해하지 않을 것이다. 전시에서 말하고자 하는 '필로티'가 무엇인지, '아치'가 무엇인지, '푸니쿨라 모형'이라는 것이 도대체 무엇인지. 아이는 그 공간 안에 서서 만져보고, 올려다보고, 뛰어놀며 느끼는 것이다. _{같은 글}

디자이너였던 시간, 엄마가 되느라 디자이너가 되지 못했던 시간을 거쳐, 엄마이자 디자이너인 시간을 살아오면서 그는 서로 분리된 '일'과 '삶'의 영역에서 두 정체성을 구분 짓고 떨어뜨려놓다가도 이처럼 '정체성이 용해'되는 시간을 맞이한다. 엄마의 시간에 디자이너로서의 경험이 녹아들어 있지 않을 리 없고, 디자이너로 일할 때 양육자로서의 관점이 따로 있을 수 없는 것이다.

하나의 정체성에 매인 존재가 아니라는 것을 깨

닫기까지 오래 걸렸다. 어떤 역할이든 매 순간 최선을 다할 테지만 그것이 모두를 충족할 수 있는 것이 아니라는 것도 이제는 안다. 끊임없는 흔들림 속에서 내가 어디에 중심을 두어야 할지 정하고, 그 외의 것들에 눈감고 욕심을 버리는 것도 살아가는 방법의 하나임을 배운다. 같은 글

페미니스트 친구들 간의 대화란, 이처럼 스스로를 페미니스트로 정의하고 일하며 살아갈 때 맞이하게 되는 가변적이고 복잡한 정체성을 혼란이 아니라 자유로움으로 받아들일 수 있도록 서로의 이야기에 귀 기울이는 것인 듯하다. 더 나아가 현재의 혼란을 인정하고 그 원인을 찾아 함께 질문하는 것까지도. 2021년 진행된 FDSC 내부 스터디 모임 '디자인 서당'과 공개 강연 시리즈 '디자인 학당: 좋은 질문은 우리를 새로운 질문으로 이끈다'는 "페미니스트 디자이너는 어떤 사람일까?"라는 질문에 대한 답을 함께 찾아가는 과정이었다. 페미니즘 인식론과 역사학, 탈식민주의, 퀴어 이론, 장애학 이론으로 구성된 커리큘럼을 살펴보자면 디자이너의 일 환경을 구성하는 주류적 질서가 어디서 비롯되었고, 그 안에서 페미니스트 디자이너는 어떤 자기의심에 직면해왔는지를 들춰보는 만만치 않은 학습의 시간이었을 것이 짐작된다.

그리고 그곳에서 페미니스트 디자이너들은 처음으로 친구를 만나거나

드디어 나에게도 디자이너 친구들이 생겼다. 디자인 일 7년 만에 학교 밖에서 만난 첫 디자이너 친구들이다. 낯가림도 잠시. 안전한 곳이라는 느낌 때문이었는지 2주차부터 울다가 웃다가 그렇게

5주를 함께했다. 온라인이라는 공간에서 느껴본 적 없는 친밀감과 따스함을 느꼈다. 모르는 것을 모른다 말해도 부끄럽지 않은 공간이었고 나와 다른 생각을 하는 이의 이야기마저 가깝게 느껴지는 시간이었다. 아직 만난 적 없는 많은 여성 디자이너들마저도 벌써 동료가 된 기운이 느껴진다. (…) @momo___books, instagram.com/design_leaders_club

내가 속해 있는 세계를 재인식하거나

(…) 내가 자주 접하고 그러다 자연스럽게 동경하고 옳다고 여긴 디자인 역사는 전체 디자인 범주에서 아주 작은 점에 불과했다. 그 점은 주변의 필수적인 지저분한 역사를 지운 아주 매끈하고 멋지게 만들어진 역사였다. 나는 그런 디자인을 배우며 내가 지향해야 하는 디자인의 상을 그려나갔다. 그 '점'의 범주에 들지 못하는 작업을 하고 있다고 느껴질 때 나는 디자이너가 아닌 것만 같았다. (…) 점 바깥의 역사를 지우지 않기. 그 범주에 들지 못한 게 아니라 애초부터 잘못된 범주였음을 기억하기. 나는 매일 디자인을 하고 있다.

@g_tt_c_, instagram.com/design_leaders_club

페미니스트 디자이너로서의 실천과 그 영향력을 재평가하고 있다.

(…) "페미니즘을 주제로 작업해보신 적이 있나요?" 없는 것 같아요. 페미니스트 디자이너로서 기여하는 바가 없는 것 같아 반성했어요. 회사 일을 하며 죄책감이 들어요. 반성 또 반성으로 마무리되는 회고에서 우리가 때론 비밀스럽게, 때론

비장하게 만들어내는 시도들을 떠올려본다.

우리가 행하는 작고 위대한 업적이란 고작 작업물에 '그 손가락'을 넣는 행위 따위가 아니다. 어딘가의 누군가가 배제되거나 상처받지 않도록, 어디 사는 누군가가 힘이나, 응원이나, 기회나, 가능성 같은 걸 얻길 바라면서 굳이 시도하고 굳이 거부하고 굳이 설득하는 결코 작지 않은 일들이라는 말이다. 그걸 오늘도 우리가 해냄!

@zizonyundi, instagram.com/design_leaders_club

FDSC의 어딘가에서는 이처럼 새로운 연결, 새로운 인식, 새로운 선언을 계속 생산하고 주고받는 일이 소소하게 일어나고 있다. 작업자들은 동질적으로 모여 현실을 뒤집는 힘보다는 학습하고 재생산하며 생산의 프로세스 가운데에서 조금씩 다른 질서를 재생산하는 방식의 실천으로 세상을 변화시켜나가려 하는 듯 보인다. 분명한 건 페미니스트 디자이너라는 동질성은 이들이 한목소리를 내도록 하는 힘으로도 작용하지만 같은 질문 앞에서 각자의 답을 찾을 수 있도록 돕는 힘으로도 작동하기 시작했다는 것이다. 신선아

내가
서 있는 곳으로부터

내가 사는 지역에서 페미니스트 디자이너 친구 찾기

"지역은 의미가 있죠." FDSC 지역지부[12]를 담당하

---

[12] 인터뷰 당시(2021.12) 지역지부였으나 현재는 지역행동팀으로 이름이 변경되었다.

는 디자이너 신선아는 지역이라는 정체성이 중요하냐는 질문에 당연하다는 듯 첫말을 떼었다. "제가 디자인을 하고 있는 물리적 위치라는 것도 있는데, 그 단어가 주는 숨겨진 의미도 있는 것 같아요." 명료한 진술로 시작한 답변은 그 숨겨진 의미를 드러내는 경험들에 대한 이야기를 지나 "모호해요"로 마무리 지어졌다. 비수도권 지역에 살며 일하는 디자이너의 정체성에 '지역'은 확실히 큰 의미가 있다. 문화 예술계와 관련된 인적 자원, 담론, 기회가 모두 수도권 중심으로 모이는 것이 너무 자연스럽기 때문이다. 이런 씬에서 일하면서 '비서울'이라는 부자연스러움을 의식하지 않을 수는 없다. 하지만 "서울 디자인처럼 해주세요"라는 알 수 없는 요청의 의미가 무엇인지, 그것이 어떤 디자인으로 시각화되어야 하는지는 지역에 사는 디자이너도 명확히 설명하기 어렵고, 서울에 사는 디자이너는 더더욱 알 수 없다. 지역에서 디자이너로 사는 일은 하나의 문제지만 아직 충분히 이야기되지 못했다.

FDSC는 초기에 'FDSC.seoul'이라는 아이디를 사용했다. 초반에 별 고민 없이 그렇게 아이디를 개설한 것이었는데 실제로 대다수의 회원이 서울 기반으로 활동하고 있었기 때문에 문제가 되지 않던 중 대전에 살며 이를 기반으로 활동해온 회원 신선아가 서울이 붙는 이유를 질문했다. 서울이 FDSC의 중요한 정체성이라면 그에 속하지 않는 이로서는 계속 회원으로 남아 있는 것이 맞는지 고민이 되었기 때문이다. 운영진에게는 특별히 서울을 붙인 이유가 없었기 때문에 서울을 떼고 FDSC.kr로 변경했고, 이 질문을 계기로 2019년 8월 FDSC 충청지부가 설립되었다. 그리고 2020년 1월 대전에서 오픈데이가 열렸다. 지역은 FDSC에서 중요한 키워드가 되었다.

"디자이너라는 직업을 가지고 지역에서 일하면서 언젠가는 서울로 가야겠다는 생각이 마음 한편에 자리하고 있었어요. 특히 연차 낮은 신입 무렵에 그 마음이 더 강했던 것 같고요. 디자이너라는 정체성이 서울을 기반으로 완성되어야만 물 흐르듯 자연스러운 느낌을 받았거든요." 이 말을 한 정은지는 '디자인FM'을 통해 FDSC를 알고 있었는데 대전에서 오픈데이를 한다는 소식에 기쁜 마음으로 가입하고 운영진에도 합류했다. 신선아는 FDSC에서 지역에 대한 고민을 먼저 시작하고 충청지부를 만들었지만, 홀로 이 의제를 들고 있던 차에 정은지와 만나면서 마침내 "어떤 소리"를 만들어낼 수 있었다. 고민을 이야기하고, 대전이 충청을 대표하는 것도 아닌데 충청지부가 맞는 표현인지 질문해보기도 하고, 지역 여성 디자이너들의 발언 기회를 늘리는 프로젝트들을 기획하기로 했다.

FDSC의 지역지부 활동은 처음부터 정의 내리기 어려운 구석이 있었다. 필요해서 만들긴 했지만, 구성원들도 쉽게 모이지 않았다. 신선아는 충청지부 혹은 대전지부, 지역지부 같은 이름으로 활동하면서 '지역'을 대표하는 역할을 자주 요구받게 되었다. 그건 좀 복잡한 일이었다. "대전 여성 디자이너는 어떻냐 씬은 어떻냐, 뭐 이런 거 물어보는데 나도 모르고 나도 알고 싶어. 그런 딜레마가 있어요. 서울도 한 명의 디자이너가 전체 디자이너를 대변할 수 없잖아요."(정은지: 맞아) 이런 고민들을 경험하면서 지역 페미니스트 디자이너를 위한 지역지부의 활동 기획은 '지역' 자체에 대해서 말하기보다, 지역에 사는 디자이너로서 그 사람의 위치성을 이해하고 대화를 나누는 것 즉, 맥락을 더 깊이 파악하고 대화하는 방향을 향하게 되었다. 더 개인적으로 파고들어갔을 때 오히려 지역에 대해서도 더 많은 맥락이 드러날 수 있고, 동시에 발언의 기회로부터 배제되어 있는 지역 디자이너에게 온전한 마이크를 줄 수 있었다.

그래서 지역지부의 프로젝트 제목은 "FDSC SEE-SAW(시소)"로 정해졌다.

각자의 자리에서 각자의 무게로
서로에게 다른 시야를 보여주자

FDSC SEE-SAW는
- 여성 디자이너에게 '지역'의 의미를 묻는다.
- '중앙'의 시각으로 '지역' 여성 디자이너의 현실을 다루는 것에는 한계가 있으므로
- 개인의 경험을 바탕으로 '지역'과 여성 디자이너의 관계를 재정의하기로 했다.
- 이 경험을 발신하기 위해 2020년 8월부터 12월까지 대전에서 활동하고 있는 디자이너가 SEE-SAW 운영팀으로 모였다.

네 명의 디자이너가 지역 여성 디자이너의 일과 삶에 대해 듣는 프로그램을 기획했고, 다섯 명의 디자이너가 자신의 경험을 발화했다.

시소는 경험 공유회와 인터뷰 레터 형태로 두 번의 프로젝트를 마쳤다. 첫 번째 프로젝트를 기획할 때는 하고 싶은 이야기가 터질 듯이 많아서 기획 규모가 커지는 바람에 준비팀원 모두가 어려움을 겪었다. 이대로는 진행이 어려울 것을 직감한 팀원들은 과중한 업무

를 지양하는 FDSC의 운영 원칙을 떠올리며 기획을
간소화했고, 행사 자체도 좀 더 즐겁고 가벼운 분위기
를 지향하기 위해 "지역에서 일하면서 어떤 얘기까지
들어봤나"라는 주제로 '더 싫은 말 밸런스 게임'을 기
획하기도 했다. 즐거운 내용은 아니지만 함께 "대체
서울 같은 디자인이 뭔데?"를 반문하는 과정은 통쾌
한 공감대를 형성했다.

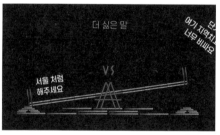

시소 밸런스 게임을 위한 디자인   ©신선아

온라인 공유회에는 대전에서 일하는 디자이너(노은빈),
서울과 대전 모두에서 일해본 디자이너(박수연), 타 지
역에서 일하는 디자이너(최지선)과 대전에서 디자인을
전공 중인 학생(고윤아)이 참석해 경험을 공유했다. 각
자 다른 위치에 놓여 있는, 다른 시야를 가졌을 법한
패널들의 이야기였다. '지역'이라는 주제로 당사자들
이 모여 공동의 지평을 구성할 수 있는 자리였다.

두 번째 프로젝트인 인터뷰 레터는 지역에서 활동 중

인 디자이너들이 각각 지역에서 활동 중인 세 명의 여성 작업자를 인터뷰해서 한 사람당 두 편씩 총 6건의 레터를 발행했는데, 긴 분량만큼 작업에 대한 심도 깊은 내용을 포함하고 있다. 스튜디오 로그의 백지은 디자이너는 1인 그림책 출판사 로그프레스를 공동 운영하며 부산에 살고 있다. 이 인터뷰에서는 지역에서의 삶이 일과 삶의 균형이라는 문제와 연결되는 지점을 발견할 수 있다. 광주에서 여성 창작자로 살며『공통점』이라는 문예지를 기획하는 이서영 작가의 인터뷰에서는, 광주라는 지역의 역사성이 느낌의 차원에서 어떻게 작업자의 삶에 개입하는지가 슬며시 드러난다. 지역을 따지지 않고 일하는 이예지 디자이너는 자신이 거쳐온 런던과 서울, 대전을 교차시키며 작업에 대한 설명을 이어나간다. 다른 시야의 이야기들은 흥미롭다.

3장에서 많은 부분 설명되었듯이 FDSC는 온라인 기반의 커뮤니티다. 코로나를 거치면서 커뮤니티의 많은 부분이 더 적극적으로 온라인으로 옮겨 갔다. '시공간'의 제약이 대폭 줄어든 커뮤니티라는 의미다. 이런 FDSC에 '지역지부'는 어떤 의미가 있을까? 지역은 FDSC에서 유일하게 명시적으로 별도 카테고라이징된 그룹이다. 예컨대 FDSC에 1인 사업자 디자이너를 위한 일회성의 소모임은 있어도 별도의 하위 그룹은 없다. 지역은 이와는 무엇이 다를까? 쉽게 답하기는 어려운 문제다. 다만 2019년 총회에서 "FDSC 뒤에 왜 서울이 붙어야 할까?"라는 질문이 나왔을 때, FDSC에는 '서울'이 갖는 자연스러운 특권이 존재함을 알아차린 분위기가 만들어졌을 것이다. 디자인 씬에서 수도권과 비수도권 지역이라는 차이가 명확히 다른 위치성을 만들어내고, 그 사이에 젠더 불평등과는 또 다른 '기울어짐'이 있다는 것을 인정한 것이다. 기울어진 운동장에서 페미니스트의 시선으로 새로운 질서를 만들어가는 커뮤니티이므로 이 기울어짐에 대해서도 새로운 질서를 만들어나간다는 목표는 유효할 수밖에 없다. 그러니 지역지부는 FDSC의 특정 지역 분점이라기보다는 '지역'이라는 관점을 더해서 활동을 이어나가는 팀에 가깝다. 2022년 지역지부는 지역행동팀으로 이름을 바꿨다. 계속 적정한 언어를 찾고 있다.

예전에 이런 피드백을 한 적이 있어요. FDSC가 불편함을 유해하게 느끼지 않는 공간인 것 같다고. 불편함이 없는 건 아니지만, 당장 해결이 되든 안 되든 해결하기 위해 여러 실험을 하는 조직이라는 생각이 들었고, 그걸 지켜본 것과 보지 않은 것은 차이가 크죠. 지역지부 활동을 하면서 저를 설명하고, 제가 속해 있는 위치를 설명하는 언어가 엄청 생겼다는 의미에서 중요하고, 앞으로도 그런 언어들이 더 생길 거라고 기대해요. 동시에 지역 여성만 있는 커뮤니티에서는 느낄 일 없는 소외감도 있어서 굉장히 복잡한 감정이 있는데, 저도 그게 구체적으로 뭔지 찾아나가야 할 것 같아요.

대표해서 말하기의
어려움

'어떤' 페미니스트들이 모여 있나요?

지난 서울시장 보궐선거 당시 FDSC 슬랙에서는 재밌는 일이 있었다. 서로 다른 당으로 출마한 두 여성 후보의 선거 공보물 디자인을 맡은 디자이너가 모두

119

FDSC 소속이었던 것이다. 슬랙에서 우연히 이를 알게 된 두 사람은 선거 관련 디자인 업무의 어려움을 두고 대화를 나눴다. 정치적인 긴장감 같은 것은 없었다.

다양한 입장의 페미니스트들이 있다. 이 입장들은 논쟁적인 전선을 구성한다. 그래서인지 업계 페미니스트 커뮤니티는 그 '페미니스트'가 '어떤' 페미니스트인지에 대해 의심받고 질문받는다. "래디컬 페미니스트, TERF에 대한 단체의 입장이 뭐냐는 질문도 받아봤어요. 나 개인으로 말하기는 전혀 어렵지 않지만 단체의 입장은 어렵죠." 이런 차이가 빚어내는 긴장감은 커뮤니티 내에서는 아직 수면 위로 올라오지 않았다. 업계 페미니스트 커뮤니티의 회원들은 페미니즘에 대한 토론보다는 업계에서의 생활에 대한 이야기를 더 많이 하고, 업계의 일원으로서 더 구체적으로 연결되어 있다. 누군가는 자신이 이 안에서 소수 입장이라고 느낄 수도 있겠지만 업계인으로서의 연결감 때문인지 충분히 안전한 공간이 아니라고 느껴서인지, 발화되지는 않는 것 같다.

하지만 분명 갈등의 가능성은 존재한다. 오연진이 루이즈 더 우먼을 창립한 데에는 예술계 내 성폭력 사건과 관련해 공개적으로 활동하면서 씬 안에서 점차 배제되고 불리해진다고 느꼈던 사정이 있었다. 그는 메갈리아 이후 등장한 페미니스트 세대의 정체성을 드러내놓고 활동한다. 그러다 보니 루이즈 더 우먼의 입장이 본인의 생각과 등치한다는 오해를 받지만 커뮤니티에는 여성 예술인이라면 가입할 수 있다. 하지만 어떤 이들은 '대표'의 입장을 짐작해 커뮤니티의 성격을 규정짓기도 한다. "랟펨은 혐오자들이다, 이런 생각? 노선에 대해 배척하는 생각들? 탈코르셋에 대해서도 곱지 않게 보는 사람들이 많고. 예술계에도 그런 입장을 갖는 사람이 많아요. 근데 저희가 그런 입장을 견지한다고 멤버로 안 뽑는 게 아니거든요. 비혼이든 기혼이든, 래디컬이든 교차페미든 상관없이 다 뽑는데, 그런 와중에도 페미니스트들에 대한 입장을 밝히라는 요구를 받으면 그게 정말 순수한 질문이나 요청으로 느껴지지는 않아요. "루이즈 더 우먼이 생각하는 여성에 대한 입장이나 정의가 명확하지 않아 아쉽다"는 피드백을 받은 적이 있는데, 사람들이 대외적으로 활동하는 여성단체의 운영적 이슈에 대해 참 무지하구나, 라는 생각이 들었죠."

테크'페미'의 옥지혜는 타 여성 단체들과의 모임에서 "우리는 페미니스트까지는 아니다"라는 식의 선 긋기를 당한 경험이 적지 않다. 그런 분위기는 비단 외부가 아니라 커뮤니티 안에도 있다. 페미니스트로서 업계인들과 이야기를 나누고 싶어 만든 커뮤니티이지만, 회원 수가 500명에 가까운 데다가 가입에 열려 있다 보니 그저 업계 정보를 얻기 위해 오는 사람들도 있다. 하지만 이 '모임'에서 페미니스트의 범주를 정하고 구분 지어 누군가는 배제하고 누군가는 남기는 일은 없다. 페미니스트라는 주체로 모였고 최소한의 장치로서 약속문이 존재하지만 어디까지나 느슨한 네트워크이기 때문이다.

정치적 입장의 구성

하지만 깃발을 들면 여기저기서 찾기 시작한다. "페미니스트 친구들 여기 모여라"를 시전한 업계 페미니스트 커뮤니티 창립자들은 여성 의제와 관련된 정책 공론장 등에 자주 참석 요청을 받는다. 의견을 내는 건 중요한 실천이라는 생각에 참석하지만, 막상 가서 "IT 업계 여성들이 경험하는 어려움은 무엇인가" 같은 질문에 답할 때면 내가 이들을 다 대변해서 답할 만한 입장이 되는지 자문하게 된다. 업계 페미니스트 커뮤니티들은 정책 활동은 하지 않는다. 예컨대 구성원들이 중요한 의제를 토론과 숙의를 거쳐 결정하고, 해당 의제에 대한 데이터를 만들거나, 법 개정을 위한 활동을 하지는 않는다는 의미다. 나는 이들을 수없이 만나면서 특별히 "왜 이런 활동은 안 하는지"를 묻지 않았는데, 커뮤니티 구성원들이 그러한 욕구로 커뮤니티에 진입하지도 않거니와 그 질문이 어떤 책임을 일방적으로 부여하는 것처럼 느껴졌기 때문이다.

하지만 그렇다고 정치적 공론장에서 빠지는 것도 부자연스럽다. 이 커뮤니티들은 여성의 삶, 페미니스트의 삶이 사회 구조로 인해 문제적 상황에 처했다는 것을 인지한 이들의 모임이기 때문이다. 이 역할의 모호함에서 오는 긴장감이 업계 페미니스트 커뮤니티의 일반 회원들과 운영진 사이에, 커뮤니티 구성원과 외부 정책 이해관계자들과의 사이에 존재한다. 한 커뮤니티의 운영진은 우크라이나 전쟁과 같이 사회적으로 부정의한 일이 일어났을 때, 단체로서 우크라이나에 대한 지지 의사를 표명해야 하지는 않겠느냐는 고민을 나눈 사례를 이야기했다. 하지만 회원들이 커뮤니티를 단순히 사교 공간으로 생각하고 있을 수도 있고, 짧은 시간 내에 회원들의 입장을 수렴할 만한 장치가 없었기 때문에 논의에 그쳤다. 이런 상황을 여러 번 겪은 FDSC는 지난 총회에서 커뮤니티 문화팀이 초안을 작성한 단체연대성명 가이드라인의 초안을 공유했다. 여성 디자이너의 권리와 관련된 연대 요청을 받을 때 슬랙에서 투표를 거쳐 연대할 수 있도록 절차를 마련한 것이다.

FDSC는 2022년 대선에서 특정 선본과 소통하기도 하고, 2022 페미니스트 주권자 행동의 일환으로 회원들이 함께 익명으로 기술한 '열린 성명문' "나는 페미니스트 디자이너 대통령을 원한다"를 발행했다. 뉴욕에서 활동한 미술가, 성소수자 인권운동가였던 조이 레너드가 1992년 아일린 마일스의 대선 출마를 지지하기 위해 쓴 성명문 "나는 레즈비언 대통령을 원한다(I want a dyke for president)"에서 영감을 받은 활동이었다. 181명의 목소리를 나열하여 발표한 이 활동에 대해 익명의 부정적인 반응이 달리기도 했다. FDSC가 정치적인 활동은 하지 않았으면 했는데 아쉽다는 이야기였다.

잠재적인 정치력

나는 페미니스트 디자이너 대통령을 원한다. 나는 성추행으로 인한 모멸감을 느껴본 대통령을 원한다. 나는 페미니스트, 여성주의자, 성평등주의자, 평등주의자, 메갈, 래디컬 페미니스트 대통령을 원한다. 나는 여성가족부를 존중하는 대통령을 원한다. 나는 아이가 없고 결혼을 하지 않아 낮은 아파트 청약 점수를 가진 대통령을 원한다. 나는 퇴근 후 집에서 요리하고, 청소하고, 분리수거를 하고, 가족을 돌보는 대통령을 원한다. 나는 여성이 자살하지 않도록 만들어줄 대통령을 원한다. 나는 여성이라는 이유로 존재의 가치와 당위성을 증명하기 위해 내내 맘 졸이고 스스로를 몰아세워본 대통령을 원한다. 나는 된장녀, 맘충, 김치녀, 쿵쾅이, 드센X, 골빈X, 꽃뱀이라고 욕먹어본 대통령을 원한다. 나는 늦은 밤 깜깜한 골목길의 두려움을 공감하는, 여성의 생명권과

안전권을 보호하는 대통령을 원한다. 나는 강간죄의 구성요건을 '폭행, 협박'에서 '동의 여부'로 개정하고 포괄적 차별금지법을 제정할 대통령을 원한다. 나는 퀴어퍼레이드 초입에서 잔인한 눈빛과 말들을 견뎌본 대통령을 원한다. 나는 부모의 국적이 한국이 아닌 대통령을 원한다. 나는 수어로만 의사소통하는 대통령을 원한다. 나는 임금노동을 하며 사표를 품고 살아본 대통령을 원한다. 나는 초졸, 또는 중졸, 또는 고졸 대통령을 원한다. "나는 페미니스트 디자이너 대통령을 원한다: 2022 페미니스트 주권자 행동" 일부 발췌, FDSC

FDSC 회원을 포함한 페미니스트들은 "나는 페미니스트 디자이너 대통령을 원한다"에서 나와 같은 고통을 느껴본 대통령, 내가 여성-시민으로 살면서 느끼는 문제를 제도적으로 해결해줄 대통령을 원한다고 적었다. 들여다보면 '나와 같은 고통'은 천차만별이다. 새삼 업계 페미니스트 커뮤니티의 구성원들이 정책적으로 단일한 이해관계자로 포착되기에는 노동 상태나 지역, 가족 구성원 등 주요한 인적 사항이 너무 다르다는 것을 실감하게 되는 내용이다. 하지만 그렇다고 이들이 충분히 정치적인 힘을 발휘할 만큼 조직화되지 못한 커뮤니티에 불과하다고 평가하는 건 부당한 것 같다.

여기서 진행되는 건 다른 정치다. 업계 페미니스트 커뮤니티들은 명확한 의제를 가지고 사회에 전선을 긋는 방식 대신 '업계'라는 장 위에, '페미니스트' 혹은 '여성'이라는 바운더리로 다양하게 모임으로써 정치적 역동성을 생산해내고 있다. 커뮤니티 안에서 자신의 목소리를 내고 정치적 입장과 연대로 발전할 수 있는 '위치성'에 대한 고민을 나누는 건 새로운 공적 목소리를 구성해가는 과정이다. 이 자체가 보수적으로 구성된 기존 정책 이해관계자 프레임을 변화시킬 가능성을 품고 있다.

그리고 이 커뮤니티에 소속됨으로써 개인들은 시장에서의 정보 비대칭에 맞서는 정치력을 확보할 수 있다. 그건 아주 구체적인 정치력이다. 가려진 정보에 대한 접근권이고, 지식에 대한 접근권이다. 또 위기 시 업계에서 발휘될 수 있는 잠재적인 정치력에 속하게 된다. 업계 페미니스트 커뮤니티들은 그들이 만들어지던 시점에 일어난 업계에서의 성폭력 사건이나 갑질 사건 등을 명시적으로, 혹은 암묵적인 창립의 계기로 삼고 있다. 만약 일터에서의 위계 폭력이 일어난다면 단호하고 신속한 정치력의 행사가 이뤄질 수 있다. 물론 그런 일은 일어나지 않는 게 최선이지만, 일어난다면 친구들은 가만 있지 않을 거라는 것. 이 친구들의 이름이 '여성'인지 '페미니스트'인지 이 '페미니스트'의 정의 안에 어떤 한정사가 붙는지는 아직 모호하지만, 그 모호함이 아직은 '함께함'의 조건을 깨뜨리지 않는 것 같다.

뛰어놀며
운동장의 기울기를
바꾸는
법

5
결론

이 연구는 2018년 만들어진 FDSC를 핵심 사례로 조사하고 테크페미(2016), 프프프(2020), 루이즈 더 우먼(2020)의 운영진을 인터뷰하여 2015년 이후 생긴 '문화 예술, 테크 업계 페미니스트 커뮤니티'(이하 '커뮤니티')에 대해 알아보았다. 이 장의 내용은 연구 질문에 따라 본문을 다시 쓴 것이다.

업계 페미니스트 커뮤니티는 왜 만들어졌을까?

공통적인 부분을 우선 기술하자면 이렇다. 커뮤니티들은 여성이 일터에서 경험하는 불리함이 가시화됨에 따라 만들어졌다. 기울어진 운동장에서 살아남기 위해 서로 도울 수 있고, 도움받을 필요와 권리를 인지한 여성들이 모여들었다. 짧게는 2년, 길게는 6년 차를 맞은 이 커뮤니티들은 모두 제한적으로 참여할 수 있는 온라인 커뮤니케이션 공간을 운영하며, 초반에 커뮤니티를 주도적으로 기획하고 알린 그룹에 의해 만들어졌다. 하지만 이들이 적극적으로 조직에 대한 대표성을 가져가는 방식으로 활동을 전개하지는 않았다. 커뮤니티들이 마주한 구조적인 문제는 너무 거대하기 때문에, 단기적인 목표와 전략을 가지고 모였다기보다 일단 현재의 답답한 상황을 가만히 지켜볼 수 없어서 모인 것에 가깝다. 이에 각 커뮤니티들은 체계화된 정도는 다르지만, 기본적으로 업계인이면서 '페미니스트'라는 정체성에 나름대로 동의한 사람들이 모여 있는 공간을 운영하며 회원들의 자율적인 참여와 활동을 촉진시키는 방식으로 운영해왔다. 이런 조직 환경은 예측할 수 없고 발현적인 활동들로 이어졌다.

커뮤니티 회원들은 상대적으로 안전한 공간에서 솔직하게 자신이 여성으로서 경험한 고충을 털어놓으면서 해방감을 느끼고, 같은 업계인으로서 유용한 정보나 기술을 나누며 '일과 생산'의 측면에서 효용감을 느꼈다. 일터에서의 젠더 차별은 전 사회적인 문제이기도 하기에, 커뮤니티들은 이를 해결하기 위해 공공기금이나 시민 후원 등 외부 자원을 동원하여 여성에게 더 많은 마이크와 발화 공간을 제공하는 프로젝트를 실행했고, 이는 커뮤니티가 성장하는 데 중요한 계기가 되었다. 또한 '일터에서 오래 살아남는 것'에 대한 불안함을 느껴온 업계 여성들이 다른 세대의 선배와 연결되는 경험은 중요한 임파워링의 계기가 되었다.

이에 꾸준히 여성들의 목소리를 듣는 콘텐츠 프로젝트들이 만들어져왔다. 이를 통해 변화의 세 가지 출발점이 탄생했다. 하나는 내가 업계에서, 여성으로서 경험한 현실의 교차 확인이 이뤄짐으로써 공통의 이슈가 만들어지는 순간이다. 공유된 문제의식을 해결하기 위해 방법을 찾아나가는 이야기들, 예컨대 '할머니 디자이너'가 보이지 않는 현실을 위해 '디자인 이모고모'의 이야기를 듣는 자리를 볼 수 있었다. 또 한편으로는 아주 개인적인 이야기들이 있다. 자신의 관점으로 자신의 이야기를 말하는 것이 혹시 쓸데없는 이야기는 아닐까 하는 걱정을 내려놓고 쓰인 이야기들이다. 마지막으로는 또 다른 차이의 발견이다. 지역, 경력, 나이, 학력, 언어 등 차별과 배제는 다양한 차원에서 발생한다. 차별을 배제하고자 하는 문화 속에서 차별에 대해 드러내놓고 이야기하고 극복하고자 하는 환경이 조성될 수 있고, 그 안에서 또 다른 이슈와 이야기들이 만들어질 수 있다. 이때 커뮤니티는 하나의 작은 사회다.

FDSC는 어떻게 지속되는가?

연구의 핵심 사례인 FDSC는 "페미니스트 디자이너의 관점으로 새로운 질서를 만드는 커뮤니티"로 스스로를 소개하고 있다. 그에 걸맞게 FDSC는 나름의 독특한 질서를 가지고 그 질서를 따라 (혹은 그 질서를 발전시켜가며) 좀 더 규모 있고 복잡한 시스템의 조직으로 진화해왔다. 이 질서는 FDSC가 어떻게 만들어졌고 지속될 수 있었는지에 대한 답이다. FDSC는 더 나은 오늘이 더 나은 내일로 이어진다는 질서로 작동한다. 다시 말해 더 나은 내일을 위해 오늘을 희생한다는 셈법은 FDSC에서 들어맞지 않는다.

그래서 FDSC는 커뮤니티 운영 활동을 전문화하지 않았다. 계속 디자이너라는 정체성으로 살아남기 위해 모인 동등한 디자이너의 모임이기에, 누군가가 커뮤니티 운영을 전적으로 담당하게 되면 그는 디자이너라는 정체성을 유지하기 어려워지기 때문이다. 이에 자발적으로 할 수 있는 만큼 함께 기여하여 이 커뮤니티를 운영할 수 있는 방향으로 조직 문화와 구조 등을 발전시켜왔다. 가능한 즐겁고 재미있는 분위기에서 일하고자 하고, 기여자의 크레딧을 명확하게 표기하며, 운영진은 업무를 분산할 수 있도록 구성되었다. 단, 소수의 적극적인 운영진의 고민과 헌신과 그 영향력은 분명히 존재한다. 그러나 FDSC의 인센티브 시스템은 그 소수에게 대표성과 더 큰 권한을 주는 형태는 아니다. 기여하는 만큼 오늘 그 자신이 만족과 성취감을 누려야 한다. 기울어진 운동장을 떠나서는 운동장을 바꿀 수 없다. 기울어진 운동장에서 괴로워만 해서는 오래 버티기 힘들다. 더 많은 사람이 함께 운동장에서 웃고 오래도록 뛰어놀아야 기울기를 바꿀 수 있다.

FDSC의 정보 시스템은 이 질서를 받치는 인프라다. FDSC는 메시지가 모두 기록되고 검색 가능한 커뮤니케이션 툴과 다양한 협업 툴을 회원들과 공유한다. 이 공유된 자료의 풀(pool)은 회원이 늘어나고, 활동이 확장될수록 크고 풍성해진다. 이에 모두가 작든 크든 FDSC에 기여하며 영향을 줄 수 있고, 원한다면 깊이 개입할 역량에 쉽게 접근할 수 있는 공유된 정보망이 만들어졌다.

활동의 전문성이 낮고, 공유된 규범과 문화를 갖췄고, 수평적인 위계와 공개된 정보 시스템을 갖춘 FDSC는 자기조직화하고 자기성찰하는 발현적 조직에 가까워졌다. FDSC는 시작부터 우연성을 조직의 형태와 주요 활동에 받아들이며 만들어졌다. 예측 가능한 계획에 따라 상위 조직의 소수가 하위 조직을 이끌며 분업된 활동들을 수행하는 조직이 아니라, 동등한 장에 모여 있는 다수의 회원 중 누군가의 제안 또는 커뮤니티 안팎의 변화에 대한 인지와 적응을 통해 미래를 만들어왔다. 커뮤니티를 지속적으로 성찰하고 그 내용을 조직 구조와 지향성에 반영하기 위해 만들어진 커뮤니티 문화팀, 비전팀은 조직의 이런 특징을 결정적으로 보여주는 결단이었다.

찾아낸 질문들

업계 페미니스트 커뮤니티는 여성이 불리한 업계에서 잘 살아남기 위한 자원을 제공한다. 회사나 클라이언트에 대한 정보도 중요하지만 업무와 관련된 기술 등, 살아남기 위해 더 생산적이고 더 효율적일 수 있도록 돕는 활동들을 독려한다. 꼭 경쟁력 때문만은 아니다. '일'을 더 잘하는 일은 작업자 자신의 성취이자 기쁨이 기도 하다. 그러나 업계 노동 환경이 더 경쟁적이고, 더 장시간 노동을 요구하고, 더 생산적이기를 기대할 수록 해당 업계에서 여성은 살아남기 어려워진다. 이에 더 생산적이고 더 경쟁력 있기 위한 노력이 결과적으로 여성이 오래 살아남을 수 있는 환경을 해치는 것은 아닌지 묻게 되는 순간이 온다. FDSC는 "페미니스트 디자이너란 어떤 사람일까?"라는 질문을 던지고 적극적으로 기존 질서를 뒤집어보는 개념적 도구들을 함께 학습함으로써 디자이너로서 이러한 모순에서 자유롭게 일하기 위한 실천을 모색하고 있다. 운동장의 기울기가 어디서 비롯했는지 찾아서 역점의 방향을 바꾸려는 시도다. 모든 커뮤니티가 생산적인 모임뿐 아니라 서로가 가까워질 수 있도록 안전장치를 만들 거나, 밋업, 소모임 등 '쉼'과 '관계'의 공간을 형성하려고 노력하고 있다. 기울어진 운동장 위에서도 즐겁기 위한 노력이다.

업계 페미니스트 커뮤니티의 활동들은 많은 부분 이분화된 남녀 구도에서 여성이 경험하는 이슈를 다루고 있다. 한국 사회의 젠더 불평등은 심각한 수준이고 이를 해결하기 위한 공적 지원은 너무나 부족하기 때문에, 여성들이 스스로를 구하기 위해 모여서 서로를 돕는 모델은 사회적으로 정의롭다. 하지만 한편으로는 '페미니스트'라는 언어를 둘러싼 긴장감이 존재한다. 페미니스트 커뮤니티는 '어떤 페미니스트' 커뮤니티인지에 대한 답변을 해야 할 책임을 요구받기도 하고, '남성 페미니스트'는 진입할 수 없는지 질문받기도 하고, 젠더퀴어를 비가시화하지는 않는지 스스로 의심하기도 한다. 그러나 업계 페미니스트 커뮤니티는 기본적으로 회원 개개인들의 '잘 살고 싶은 열망'이 반영된 공간으로, 정치적 공론장의 역할이 우선하는 곳은 아니다. 전선은 커뮤니티 내부가 아니라 개인들의 삶에 있다. 커뮤니티는 각자의 전쟁을 응원하고 서로 지지하는 곳이다. 그래서 이런 '이견'의 기미는 '익명'으로 표현되거나 '건너건너 들은 말'과 같은 식으로 나타났다 사라질 뿐 명시적인 논쟁이 되지는 않는다.

하지만 페미니스트들이 모인 이곳에 이 문제가 존재하는 건 틀림없다. 특히 커뮤니티들이 종종 정치적으로 업계 여성이나 페미니스트를 대표하는 역할과 입장을 요구받을 때 이러한 딜레마가 드러난다. 이 문제는 다루기 까다롭다. 2015년이라는 시점 이후 커뮤니티를 구성한 사람들은 온라인 공론장에서 극단적인 갈등에 휘말리거나 적어도 이를 본 경험이 많기 때문에 더 그렇게 느낄 수 있다. 이런 상황에서 규범적인 판단을 내리는 것은 섣부르다. 일단 확실한 것은 "페미니스트 친구"를 만나기 위해 모인 이 서로 다른 생각과 온도의 사람들이 이 커뮤니티에 계속 함께 있다. 함께 존재하면서 다른 입장을 발견해나가는 과정은 다른 입장으로 서로를 발견하는 것과 어떻게 다를까? 우리는 이에 대해 좋은 상상을 할 수 있을까? 미래는 열려 있고, '친구 되기'에는 결말이 없다.

나가며
'업계'에서 '페미니스트' 되기와 '친구' 하기

강유가람의 다큐멘터리 영화 〈우리는 매일매일〉(2021)은 90년대 말부터 2000년대 초까지 인터넷이 대중화되면서 이전까지의 페미니즘 운동과 차별화되는 활동을 펼쳐나간, 이른바 '영페미니스트'였던 감독이 미투 이후 젊은 여성들 중심의 페미니즘 운동을 보며 그때 그 친구들의 오늘을 찾아가는 이야기다. 영화에는 총여학생회 활동, 대학 내 여학생 위원회 활동, 온라인 페미니즘 커뮤니티 활동, 반성폭력 활동을 했던 다섯 명의 페미니스트가 나온다. 페미니스트를 위한 병원이 필요하다고 생각해서 살림의료생활협동조합을 설립하고 운영해온 어라는 학교에 다닐 때부터 여성들의 자원을 연결하는 네트워크를 조직하는 데 뛰어났던 인물이다. 영화에서 감독이 나이 듦에 대한 두려움을 이야기하자 어라는 선뜻 이렇게 말한다.

> 아니, 친구가 이렇게 많은데 뭐가 두려워?
>
> 어라, 영화 〈우리는 매일매일〉, 강유가람, 2021

과장 없이 진솔하고 담담하게 흘러가는 영화가 잠시 반짝이는 순간 중 하나다. 하지만 사람들이 말하기를, 친구는 함께 사업하면 안 되는 존재고, 친구는 돈 거래를 가져서도 안 되는 존재다. 친구는 쾌적한 거리를 유지하며 서로에게 즐거움을 주고, 각종 생애주기적 이벤트에 찾아와 힘 보태줄 때 가장 고마운 존재다. 그러니 가족이 없으면 나이 드는 일이 두려워야 마땅하다. 나와 친구는 서로를 책임질 수 없다. 어라는 어떻게 저렇게 말할 수 있었을까? 그가 페미니스트이기 때문일까?

'업계'에서 (언젠가 함께 일할 수도 있는) '페미니스트 친구'를 사귀는 건 어떤 의미가 있을까? 20, 30대가 주를 이루는 업계 페미니스트 커뮤니티의 구성원들은 사람들이 말하는 친구와는 약간 다른, 나름의 우정을 찾아나가고 있었다. 우정은 친밀한 몇몇 무리의 존재가 아니라 개인들의 변화에서 드러났다. 업계의 페미니스트들이 만든 멋진 이름의 커뮤니티 회원으로 존재하기로 하면서, 다른 회원들의 이야기를 들으면서 알맞은 자리를 찾아내어 자기 자신으로서 말하기를 다시 시작하는 사람들이 있었다. 커뮤니티의 친구들은 적절하고 깔끔한 톤 앤 매너의 업무 메일 같은 쾌적한 관계와 서로의 몸 개그에 깔깔 웃는 친밀함을 시도하고, 함께 쓸데없는 일을 하기 위해 굳이 '행사'를 기획하기도 하면서 '일'로서 놀고, 놀기 위해 일하고 있었다. 크리틱과 조언을 나누며 '친구'가 되기도 했다. 나를 위한 방식으로 일과 삶의 경계를 허물며 이들이 하고 있는 일은 함께함의 시간을 쌓는 일이다. 서로의 맥락을 이해할 수 있도록. 각자가 포기하지 않을 수 있도록. 커뮤니티가 역사를 쌓고 점차 더 무시할 수 없는 미래가 될 때까지.

〈우리는 매일매일〉에서 어라가 "뭐가 두려워?"라고 물을 수 있었던 건 아마 그의 삶에서 페미니스트의 우정이 서로에게 학교가 되고, 안전한 먹거리가 되고, 은행이 되고, 병원이 되어왔기 때문일 것이다. 지금 업계 페미니스트들의 커뮤니티는 어느 정도 학교고, 즐거운 운동장이고, 약간은 일터이기도 하다. 시간이 쌓여 함께 더 큰 리스크를 나눌 수도 있을 만한 명확한 미래가 보이면 또 다른 커뮤니티로의 질적 변화가 이루어질지도 모른다. 여성가족부가 존폐 위기에 놓이는 사회에서 '페미니스트'는 여전히 불리한 이름이고,

그러니까 이 사람들은 스스로 불리한 이름을 골라서 모인 사람들이고, 이를 통해 이미 어느 정도 불리함을 개인으로부터 분리해내는 데 함께 기여하고 있으니 다음 미래를 믿어봄 직하지 않을까?

참고자료

웹사이트와 주요 콘텐츠

디자인FM	https://soundcloud.com/designfm
루이즈더우먼 홈페이지	https://louisethewomen.org
FDSC 홈페이지	https://fdsc.kr
FDSC.txt	https://fdsctxt.oopy.io
여기듣보	https://linktr.ee/podcast_ygdb
테크페미 홈페이지	https://bit.ly/techfemi
판을 바꾸는 언니들	https://bit.ly/Pan_Unnies
프프프 홈페이지	https://fffproject.org
WFF: DROP THE FRAME!	https://bit.ly/WFF_DTF

FDSC 창립 과정	https://bit.ly/pincharticle
FDSC 지역행동팀 활동	https://www.notion.so/fdsc/FDSC-SEE-SAW-ab
FDSC 커뮤니티 가이드라인	https://bit.ly/FDSC_Community_2
디자인서당	https://bit.ly/Design_seodang
디자인서당 후기 인스타그램	https://www.instagram.com/design_leaders_club

주요 에피소드와 관련된 자료

참고문헌

가레쓰 모르간, 『조직이론: 조직의 8가지 이미지』, 박상언·김수열 역, 경문사, 2012

사라 아메드, 『행복의 약속: 불행한 자들을 위한 문화비평』, 성정혜·이경란 역, 후마니타스, 2021

안영주, "한국 TV 드라마에 나타난 '디자인'과 '디자이너'의 이미지 연구: 1990년대 후반부터 2000년대 중반까지 트렌디 드라마를 중심으로" 『우리춤과 과학기술』, 제46집, 99-137, 2019

2018 ——————— 활동 사진 2021

첫 토프레이 @ㅁ리어어엇이 피어어엇이

2019년 송년기 중학교 송년회

01-845341-04-019 (예금주: 페미니스트 디자이너 소셜

션 수련회 참여 안내

이 가득하시
를 비대면으
를 7월 16일

스텔로 0
안내 :
계 발표

시 간

25

네트워
활동 리뷰 : 박유
레크레이션 & 캠프파이어

13:40
~
16:00

2021. 7. 1.

FDSC 수련

정취

수련

속 포 ;친 나오는 시간: 50분

2021 FDSC 상반기 수련회 재미있을 예정...

2021년 상반기 총회 겸 온라인 수련회

소모임

© 천소영

FDSC.txt